あんことわたし

日日大あん吉日

川田裕美

あんことわたし　日日大あん吉日　もくじ

あんことわたし 日日大あん吉日

題字：川田裕美

プロローグ

二〇一五年四月一日、東京に向かう新幹線は、これまで数え切れないほど乗った上りの新幹線とは少し違うものでした。住み慣れた大阪を離れ、フリーアナウンサーとして活動するために東京へ。この日はとても不思議な感覚でした。

二月に四年間レギュラーを務めていた『ミヤネ屋』を卒業し、三月三十一日付で読売テレビを退社。最終日まで大阪にいて、翌日東京へ、というのは「川田さんらしいね」と言われました。これは、わたしなりの仁義……なんて偉そうなことではなく、不安とたたかっている旅立ちでした。

テレビ局のアナウンサー〝局アナ〟とフリーのアナウンサーでは、一見近いように思えるかもしれませんが、実際は多くの違いがあります。

局アナの立ち位置はスタッフに近く、リハーサルはほぼすべて立ち会い、本番後はスタッフと反省会。一方、東京に来てすぐのころはトーク番組などにゲストとして出演する機会が多かったのですが、その場合はリハーサルには参加しません。これまで、しっかりと流れを把握〝しなければならない〟側だったわたしには、どうも落ち着きません。当然、反省会に出ることもないので、楽屋に戻ると、「今日、どこがよくなかっただろう」「ちゃんとできていたんだろうか」と不安はつのるばかり。反省会で怒られていた局アナ時代が懐かしく思えます。

そもそも「楽屋」というのも局アナ時代はありませんでした。いつも大部屋でスタッフと打ち合わせしたり雑談したりしていたのが、急に楽屋でひとりぼっち。寂しい上に、感じたことのない緊張感のせいで、美味しそうなお弁当にもまったく手がつけられませんでした。本番が近づくにつれ、どんどん体は冷えて指先は冷たくなっていきます。緊張しすぎて血のめぐりが悪くなってしまうのか、ひとつ本番が終わるとフッと気が抜けて、頭がガンガン痛くなる……。そんな日々でした。

それでも、楽しいことはたくさんあります。より幅広い様々なジャンルの方とお仕事をすることで、どんどん視野は広がります。

特に、この業界の第一線で活躍されている方々とのお仕事では、たった一度の収録でも多くのことを学べます。そういう方は、必ずと言っていいほど心配りがあり、大阪から出てきたわたしにもとても優しく接してくださって、涙が出るほど嬉しい気持ちになりました。

そして、大好きなあんこ。

東京には行ったことのないお店がたくさんあって、上京してすぐにあんこのお店めぐりをはじめました。四、五軒の和菓子屋さんを一日で回って思う存分堪能するのが至福の時間でした。

振り返ってみると、子どものころから今に至るまで、わたしのそばには〝あんこ〟がありました。実家で暮らしていたころのおばあちゃんが用意してくれた和菓子に始まり、自分ひとりであちこち行けるようになってからは、あんこのために遠征。就職してひとり暮らしを始めても、冷蔵庫にあんこの缶を常備することは変わらず、あんこ愛はどんどん増すばかり。

フリーになってからは、あんこがお仕事につながることもあり、そんなときはとても幸せそうな顔でテレビに映っているのではないでしょうか。街で「あんこの人だ！」と言われる機会が増えたことは、ちょっと恥ずかしくもあり、嬉しくもあります。

家族や自分の大好きな人たちと食べるあんこ、悔しい思いや悲しみを癒してくれるあんこ。わたしの人生の折々に、いつもあんこがあった気がします。

この本では、そんな〝あんことわたし〟について、綴ります。

〈第一章〉

白玉団子と、わたし

おばあちゃんの白玉団子

幼稚園や小学校が終わってわたしが直行するのは我が家の近くにある大好きな祖母の家。祖母は玄関の前の歩道まで出てきて、帰りを待ってくれています。

祖母は、わたしのために必ずおやつを用意してくれていました。特に好きだったのが、白玉粉をお湯で練っただけの素朴なお団子とあんこの組み合わせ。わたしもよく一緒に、丸いもの、平たいもの、細長いもの……いろんな形のお団子をつくり、ゆでてもらっていました。あんこはぜんざいのようにあたためてあることもあれば、冷蔵庫で冷やしておいた缶入りの冷たいあんこをお団子につけながら食べることもありました。わたしが今も缶のあんこをそのまま食べるルーツは、このあたりにあるのかもしれませんね。

いろんなおやつをつくってもらったけれど、わたしにとって、大好きなおばあちゃんがつくってくれるおやつといえば、お団子とあんこ。そんなふうに〝無類のあんこ好き〟のわたしができ上がっていったのだと思います。

子どものころの記憶をたどってみると、いつも誰かと一緒にいて、寂しい思いをしたことはありませんでした。学校では友だちと遊び、家に帰れば誰かが迎えてくれる。母は専業主婦で、母方の祖父母もすぐ近くに住んでいたので、今考えるとありがたいことだなと思います。祖父は本がとても好きで、よく読んで聞かせてくれました。そして本だけは、欲しいと言うと制限なく買ってくれたので、本が大好きになったのはそんな祖父の影響かもしれません。

たくさん本を読んでいたおかげか、小学校でも国語が得意で、特に教科書の文章を順番に読み上げる音読の時間は、自分の番が回ってくるのをワクワクしながら待っていました。先生に「裕美ちゃんの声は大きくてよく通るね」と言われると、嬉しくて、ますます感情を込めて読んだりと工夫をしたものです。読み上げるだけでなく、書くのも好きで、読書感想文や作文も楽しんで書いていました。国語、つまり〝言葉〟が好きなのはこのころからずっと変わりません。

祖父が本を読んでくれるのをまねて、わたしが声に出して読んでいるのを録音したテープが最近、見つかりました。おそらく、幼稚園に通っているころ。祖父が録音スイッチを押し、「はい、どうぞ」と言うと、わたしが読み始める。幼いなりに感情を込めて、例えばお年寄りが話している部分を読むときは声を少し低くするなど工夫しています。もちろん、アナウンサーという仕事は、存在すら知らなかったけれど、「こんなころから予兆があったのか！」と驚いてしまいました。テープの中のわたしの声は、祖父に褒められて少し得意げです。

泉州名物「くるみ餅」がソウルフード

さて、祖母の手づくりおやつ以外にも、思い出のあんこがあります。

京阪神の方ならきっと『丹波屋』は慣れ親しんだ味だと思います。駅の構内や商店街の一角で、できたての和菓子を販売しているお店です。特におはぎは注文してから目の前で握ってくれるので子どもたちは大興奮。小倉、きな粉、青のりがあって、買ってもらえるとなると迷ってしまいます。母はきな粉、他の大人は小倉、なのでわたしは普段食べられない「青のり」を選ぶことが多かったです。香りのいい青のりで、中にたっぷりと粒あんが入っていて、甘じょっぱい美味しさが好きでした。商店街に買い物に行くときは、『丹波屋』でおはぎを買ってもらえるかもしれない！とウキウキしながらついていっていました。

もうひとつの定番は、「くるみ餅」。大阪でも、市内ではあまり知られていなくて、南大阪・泉州地域の名物です。堺の『かん袋』が有名ですが、小さいころは実家のある泉大津の『和菓子司　ぽんぽんや』のくるみ餅を食べていました。くるみ餅といっても、木の実の「くるみ」ではありません。小さく丸めたお餅があんこにくるまれているから「くるみ餅」なんです。白あんをベースにしたとろっとしたあんは素朴な甘さ。小ぶりなお餅との相性は抜群です。

このころの楽しみといえば、もうひとつ、夏になるとトラックで売りに来る「わらび餅」。石焼きいものように「わらび～もちっ♪」というメロディとともにトラックが近所まで来ます。大きな容器によく冷えたわらび餅がたっぷりと入っていて、そこから取り分けてきな粉をどっさりかけてもらうのです。わらび餅のメロディが聞こえてくると、妹と顔を見合わせて「わらび餅、来た～！」。母に五百円玉をもらい、自分で買いに行くことで、買い物の練習にもなりました。妹がひとりで行ったときにはお釣りをもらい忘れ、泣きべそをかきながら帰ってきたのでわたしが代わりに受け取りに行ったこともあります。石焼きいもやかき氷も売りに来ていて、こうしたことが子どもの社会勉強の場だったのかもしれません。

母方の祖父母は大阪出身ではなく、祖父は熊本、祖母は鹿児島。ですから、九州のお菓子もよくおやつで食べていました。だいたい端午の節句のころに食べるのが「あくまき」。もち米を灰汁に漬けてつくるお菓子で、きな粉をかけて食べます。熊本県に伝わる、さつまいもにもち米などを加えてつくる「こっぱ餅」もよく祖父母の家にありました。焼きいものねっとり濃い部分だけを食べているような贅沢な甘みを楽しめるお餅で、焼いてそのまま食べてもいいし、あんこを添えるのも最高なんです。東京ではなかなか出合えず、今はときどき取り寄せています。

もちろん、洋菓子も大好き。関西の家庭では定番『ユーハイム』のバウムクーヘンはいつも家にありました。でも、祖父母と過ごす時間が長いせいか、やはりおやつの主役は和菓子。春は桜餅で五月になれば柏餅、夏は水ようかんや麩まんじゅうを食べます。秋は月見団子もありますね。季節の移ろいを、和菓子から感じることができました。

おばあちゃんから伝わる川田家のちょっと変わった習慣

祖母は、そういった食の風習だけでなく、ゲン担ぎや縁起もとても大切にしていました。例えば、家の玄関には「子ども留守、子ども留守」とびっしり書いた木のしゃもじを置くよう言われていて、これは子どもが誘拐されないように、というおまじないだったようです。「夜に口笛を吹いてはいけない、爪を切ってはいけない」というのはよく聞きますが、これもたびたび注意されていました。今でもつい気にしてしまって、口笛はもちろんのこと、「爪を切りたいな」と思っても、夜だと「何か起こると嫌だからやめておこう」と、結局切れません。

「新しい靴をおろすときには、靴の裏にペッペッと唾をかける」とテレビで話したときは、共演者や視聴者の方にすごく驚かれてしまいました。でも、普通に家族全員がやってきたことなので、「他の家はやっていなかったのか！」と逆にびっくりしました。どんな靴でも、小さいころからの習慣なのでやらないと気が済まず、今でも「ペッペッ」としてから履いています。

また、実家でも祖母の家でも、食事をするときはちゃぶ台に正座だったので、今のわたしの部屋にもちゃぶ台があります。食事をするときは、やはりちゃぶ台。一応ダイニングテーブルもありますが、ちゃぶ台のほうが落ち着くので、ついそっちに座ってしまうのです。

そんな祖母ですから、食事や挨拶などのマナーにはとても厳しかったです。お箸の使い方などの基本的なことはもちろん、ごはんはひと粒も残してはいけません。「いただきます」「ごちそうさまでした」も、必ず口に出して言うこと、ご近所の方には「おはようございます！」「こんにちは！」と元気に挨拶をすることがしっかりと習慣になっていました。礼儀やマナーを小さいころから身につけられたのは、祖母のおかげですね。

運動神経は微妙……でも楽しかった小学校時代

さて、そんな風に家庭では渋めの生活をしていた子ども時代。小学校には楽しく通っていました。習いごとも多く、子どもなのに毎日スケジュールはいっぱい。習字、公文、ピアノは中学まで続けていたし、英語教室も通っていました。

ただ、どうしても続けられない、と泣いて頼んでやめさせてもらったのが水泳。そのころから運動は苦手で、周りの子たちのように楽しんで泳げないのです。バタ足で前に進むだけでも、まったくついていけませんでした。

ちなみに、授業の体育も苦手な種目ばかり。鉄棒の逆上がりは母と祖母のスパルタ指導でなんとかできるようになりましたが、それがなければ、きっと諦めていたと思います。バレーボールでは必ずといっていいほど突き指をしてしまうし、バスケットボールはドリブルすらできない。みんなが大好きなドッジボールなんか恐怖の時間で……球技は大の苦手でした。

運動神経はよくありませんでしたが、外で遊ぶのは大好き。暗くなるまで友だちと公園で走り回り、田んぼや空き地に虫を捕りに行くことも。ポケットいっぱいにダンゴムシを詰め込んでみたり、カマキリやバッタも捕まえて家に持ち帰っていました。そのたびに母は驚くので、その顔を見るのが少し楽しみでもありました。

このころは、子どもながらに大人と話すのが好きでした。学校では先生が大好きで、自分たちの遊びに巻き込んだり、先生との交換日記や手紙でのやり取りもずいぶん長く続いていました。知らないことをたくさん教えてもらえる時間を、授業以外でもつくりたかったのかもしれません。

近所の大人たちとも積極的におしゃべり。友だちの家に遊びに行って手づくりのクッキーやケーキが出てくると、そのつくり方を友だちのおかあさんに熱心に教わったりしていました。うちでは手づくりのクッキーはおやつに出てきたことがなかったので、母に伝えてつくってもらおうと思ったのです。興味を持ったら話を聞きたい。そんな性格は、このころから変わっていません。

当時のわたしはひと言でいうと〝正義感が強い〟。妹が五歳離れているので、周りの友だちの弟、妹に比べると小さかったのです。だから、わたしが守らなくちゃいけない！と思っていたのでしょう。

例えば、母がよく話してくれるエピソードですが、父の転勤先から夜行列車で大阪に戻るとき、夜中に母がトイレに行って戻ってきたら、子どもたちがいない。「誘拐された！」と大慌てで車掌さんのところに行ったら、そこにわたしと妹がいたそうです。たまたま母がいないときに目を覚ましたわたしが、「これは置いていかれた」と早とちりし、「〇号車に車掌さんがいるよ」と列車に乗ってすぐ母が言っていたのを思い出して向かったらしいのです。わたしが五歳、妹は0歳ですから、抱っこしたり、引きずったり、車掌さんがいる遠い車両まで行くのにそれはもう必死。お姉ちゃんだからと強がっていたけれど、母に会えた瞬間に、号泣していたそうです。

祖母が入院した病院でも、祖母がトイレできちんと脱いだスリッパを誰かが蹴飛ばして散らばっているのを見ると、「誰がこんな悪いことをしたの！」と病院中、犯人捜し。曲がったことは大嫌いでした。

衝撃の「いちご大福」との出合い

小学生のころ、「ああ、わたしはあんこが好きなんだ！」と自覚する出合いがありました。それまでは、家族が出してくれるおやつは全部美味しく食べていたけれど、初めて自分の好みを自覚したのです。それが、ある日祖母が買ってきた『青木松風庵』のいちご大福、その名も「おしゃれ」でした。

当時は、大きくいちごの絵が描いてある、まるでフレッシュないちごのパックが入っているような箱で、「今日のおやつはいちごだ」と思って開けてみたら、ずらりと大福が入っていたのでびっくりしたのを覚えています。お餅がしっとりとやわらかくて、すごく薄い、上品な大福。大阪のいちご大福は白あんを使うのが定番で、こちらもそう。ほんのりといちごが透けて見えたのがとても魅力的でした。

食べてみて、また衝撃です。

豆大福のようなしっかりとしたお餅ではなく、羽二重餅なのでとてもやわらかく、口の中でとろけます。白あんの量が控えめで、いちごのみずみずしさや甘酸っぱさと引き立て合う絶妙なバランス。「こんなに美味しいものがあったのか……」と、すっかり夢中になりました。

それ以来、祖母は出かけるたびにこのいちご大福を買ってきてくれました。ただ、小ぶりな大福とはいえ、夕食前に四個も五個も食べてしまうので、よく怒られて、禁止令が出されたこともあります。

『青木松風庵』は、それからずっと我が家のおやつの定番。大人になってからも通い続けていて、今も、東京の友人へのお土産や現場に差し入れしたりしています。ちなみに、夏場はぶどう入りの「おしゃれ」になり、これも皮ごと食べられるぶどうが入っていて、夏にぴったりの美味しさです。

母の定番おやつは『井村屋』の冷凍あんまん

祖母が毎日張り切っておやつを用意してくれているので、母は「おやつはおばあちゃんの家で食べてくるでしょ」という感じでした。ただ、我が家には母がおそらく自分のために用意していたおやつがありました。それが、『井村屋』の冷凍あんまんです。

土曜日のお昼。わたしが小学生のころは、午前中だけ授業があって、昼ごはんは家に帰って食べていました。うどんを食べながらテレビで吉本新喜劇を見るという、大阪では非常にオーソドックスなお昼で、そのあとに、おやつとしてあんまんを食べるのが定番。

でも、チンしてもらえるのは妹とふたりで一個だけ。あつあつのあんまんをわけながら、「いつかひとりで食べたい！」と夢見ながら味わったものです。母はこれが本当に好きなようで、今でも実家の冷凍庫をのぞくと、『井村屋』のあんまんが入っていたりするので、〝好きなものはずっと好き〟というDNAを感じます。

あんまんって、最近はコンビニのホットコーナーで、下のほうに追いやられていたり、ひどいときにはひとつもないことも。もっと推されてもいいと思うのはわたしだけではないと思うんですが……。

ちなみに、川田家の朝食はパンの日が多く、ここでもあんこが登場していました。スーパーで買ったあんパンのこともありましたが、わたしのお気に入りは近所にある『ショパン』というパン屋さんで売っている、あんこのデニッシュ。ほんのりバターの甘さがある生地に、なめらかなこしあんがくるまれています。ひとりで三つも四つも食べるので、母はいつもどっさり買ってきてくれていました。先日も実家に帰ったら買っておいてくれて、聞いてみると一つ七十円という安さ。今もご近所のファンが多い、人気のパン屋さんです。

反抗期真っただ中の中学・高校時代

ずっと〝しっかり者の長女〟だったわたしですが、中学生になると反抗期が訪れます。祖母や母、妹とは女同士で学校の話をしたり、一緒に甘いものを食べたりもしていましたが、わけもなく父に反抗的な態度をとるようになってしまいました。

父は単身赴任をしていた時期もあったため、母と妹と過ごす時間が長く、父とのコミュニケーションの取り方がわかっていなかったのかもしれません。父が会社から帰ってくると自分の部屋に閉じこもったりして、できるだけ顔を合わせないようにしていました。

さらに、中学三年生になると高校受験のストレスもあり、塾からまっすぐ帰らず、友だちの家に行くようなプチ家出をすることも。母と口げんかになったときに「こんな家に生まれてきたくなかった」と口に出して言ってしまい、母を泣かせてしまったこと、今も忘れられません。

長女なので妹のお手本にならなくちゃいけない、小さいころから勉強を見てくれた母の期待に応えたい。テストの点数が貼りだされる学校だったのも、どちらかというと競争が苦手なわたしにはプレッシャーでした。全力で頑張っているつもりなのに「勉強しなさい」と言われると、反発してしまうのです。


それでもしっかりと見えている目標に向かって勉強していたので、なんとか希望の高校に入ることができ、一件落着……とはなりませんでした。

入学できたことで燃え尽きてしまい、全然勉強に身がはいらなくなってしまったのです。その地域では進学校と言われる高校だったので、いきなりレベルの高い授業の毎日で、ついていけなくなったこともあります。自信をなくし、坂を転がり落ちるように、勉強をしなくなってしまいました。

堺市の高校だったので行動範囲がぐっと広がったこともあり、新しいことに出合う毎日。高校に入ってすぐアルバイトを始めると、働くことの楽しさからいくつもかけ持ちをしていました。ケンタッキーフライドチキンにセブン-イレブン、高校受験対策の個別指導の塾講師、そして家庭教師。いつも、両親にはひと言の相談もなく始めていました。その後もずっとそうだったので、両親は「裕美はなんでもひとりで決めてしまう」と思うようになったそうです。今思い返してみると、高校時代からすでに、〝仕事を中心に毎日のスケジュールをきっちり組む〟というのが好きだったんですね。アルバイトや友人との遊びに加え、大好きなGLAYのライブやお笑いのイベントも暇さえあれば行っていましたから、スケジュール帳はいつもびっしりでした。

両親は、学校のことよりもそれ以外の時間に夢中になっているわたしに注意をしてくれていましたが、まったく聞く耳を持ちませんでした。

それまで泉大津から出ることもなく、家族みんなで一緒に行動していたのが、急に自分ひとりで電車に乗り、大きな都市に行けるようになって、しかもアルバイトで稼いだ自由に使えるお金があるわけですから、「自分で決められる」という楽しさが羽目を外させてしまったのでしょう。今となっては「みんなに心配をかけただろうなぁ」と大変反省しています。

堺の名店『かん袋』の「くるみ餅」

さて、行動範囲が広がり、自由に使えるお金をわずかながらも手にしたのですから、もちろん甘いものも自分で選んで食べるようになりました。

高校があった堺市には、子どものころ泉大津で食べていた泉州名菓「くるみ餅」の有名店『かん袋』があります。鎌倉時代から続く老舗で、ずっと「くるみ餅」だけを販売されています。プラスチック容器に入った自宅用と、蛸壺みたいな壺に入った贈り物用があり、どちらもぎっしりとお餅とあんが入っていています。

イートインもあって、店内でくるみ餅を食べることもできます。夏は氷くるみ餅が名物。

器にくるみ餅を入れて、その上にかき氷をふんわりとかぶせるように盛ってくれます。少しずつ氷とあんを混ぜながら、よく冷えた白玉をいただくのは、夏の楽しみでした。大阪の人は行列が嫌いで、わたしもめったなことでは並びませんが、ここはいつも行列が絶えないお店です。

デパ地下などにある『御座候』の回転焼きに出合ったのも、このころです。関東でいう「今川焼き」。薄いけれど、もっちり弾力がある生地に、しっかりとした甘さのあんこがたっぷり。商品は赤あん(粒あん)と白あんのみで、どちらを買うか迷った挙句、赤あんと白あんを両方買って、一緒に口の中に入れてブレンドした味を楽しんでいました。このころから、自分なりに好きな食べ方を探していたんですね。

父方の祖父母とは「モンブラン」を

父方の祖父母の家の近くの帝塚山というところに、『ポアール』という洋菓子店がありま す。祖父母のところに遊びに行くと、このお店のケーキを買ってくれるので、どれにしようか選ぶのがとても楽しみでした。わたしのお気に入りは、ちょっと変わった形のモンブラン。薄くてやわらかい板状のマロンペーストで、ホワイトチョコレート入りのマロンクリームと生クリームとカスタードクリーム、スポンジ生地を優しく包んでいます。フォークで切ると、断面が美しく、口に入れると栗の自然な甘さが広がります。高級感があって、当時のわたしにとっては少し特別なスイーツでした。

今でも、祖父はわたしと食事をするとき、「裕美、ケーキを買っていってあげようか」と必ず言ってくれます。気持ちのこもったケーキは父方の祖父母との思い出のスイーツです。

夜食のあんこを楽しみに一念発起の大学受験

思いっ切り遊び、甘いものを食べ、アルバイトにも明け暮れていましたが、高校三年生にして、ようやく「このままではまずいんじゃないだろうか」と思い至ります。目標があると燃えるわたし。アルバイトを減らし、夜遊びをやめて本格的に大学受験に取り組み始めました。

得意だったのは、小学生のころから一貫して国語です。担任の先生も、やる気を見せ始めた教え子のために、「得意な小論文を伸ばそう」と提案してくれました。それまで授業中は机に突っ伏していたり、まったくやる気を見せなかった生徒がやっと前向きに。その担任の先生には放課後も小論文の特訓をしてもらい、お世話になりました。平日は学校と予備校、週末だけアルバイトをして、遊んでいる暇はなくなりました。

両親からは「できれば学費の安い国立に行ってほしい」、そして、父はちょっと寂しそうに「自宅から通えるところにしてほしいなぁ」と言っていました。わたしは高校に入ってからというもの、相談もなしになんでもパッとひとりで決めてしまっていたので、父はひとり暮らしをさせたら本当に家から離れてしまうと思ったのかもしれません。なんだか素直に心に響き、「大学も実家から通えるところにしよう」と決め、和歌山大学合格を目指すことにしました。

わたしのやる気に喜んでくれたのは先生だけではなく、家族も同じ。母は夜中まで勉強するわたしのために夜食を作ってサポートをしてくれました。おじややうどんも美味しかったけれど、楽しみだったのは、ぜんざい。缶の粒あんを少しお湯で溶いてあたたかいぜんざいにしてくれるのです。たいてい焼き餅が入っていて、体の芯からじんわりあたたまる、深夜の受験勉強中の小さな幸せでした。

そして、無事に第一志望の和歌山大学に合格。波乱の高校時代が幕を下ろし、ここで、自分でも想像だにしていなかった、アナウンサーになるという目標と出合うことになります。

〈第二章〉

通学路のいちご大福と、わたし

デパ地下めぐりにスイーツドライブ 充実した大学生活

和歌山大学は、実家のある大阪の泉大津からは車で一時間弱。紀伊半島の西側を、少し南下します。大阪の友人とは大阪市内で遊んでいたので、自宅をまたいで南北に行ったり来たり。学校へ行くときは、綺麗な海を眺めながら海沿いを走り、そのあとの峠を越えるところでは、一気に緑に包まれます。夏は、窓を全開にすると風が心地よくて、毎日が小旅行のような気分でした。道中には大好きな『青木松風庵』の本店があり、いちご大福が食べたくなったらいつでも寄り道できます。

学部は経済学部。友人はすぐにできたしアルバイトも楽しかったので、入学と同時に充実した毎日がスタートしました。

学びたい授業を選び、取得できる単位の計算をしながら、自ら時間割を組む。自分次第でスケジュールを決められる大学のシステムは、とてもわたしに合っている気がしました。授業がないときでも学食や図書室で過ごし、少しでも長く大学にいたいと思うほど居心地がよかったです。

アルバイトは、地元・泉大津の焼き鳥屋さんがメイン。

この焼き鳥屋さんは大学在学中の四年間ずっとお世話になりました。ハッピを着て両手にビールジョッキを四つずつ、看板娘（自称ですが……）として威勢よく働いていました。オープニングスタッフとして入ったので思い入れは深く、途中、何度か訪れたお店の危機をスタッフ一丸となって乗り越えたこともあります。アルバイトの立場でしたが、アイディアを出してパソコンでメニューをつくってみたり。まさにチームプレイのお店で、とてもやりがいがありました。

ちなみに、泉大津は毎年十月に「だんじり祭り」があって、一年で一番、街が盛り上がります。アルバイトをしていたお店にも、祭りに命をかける〝祭り男〟たちが、ミーティングと称して一年中集まっていました。もちろんわたしも小さいころからだんじり祭りに参加していて、笛と太鼓の音が聞こえてくると今でも血が騒ぎます。

焼き鳥屋さんのアルバイトは夕方からなので、週末の昼間は家庭教師をしたり、なんとか時間を効率的に使えないか考えていました。

スケジュールをぎっしり入れてしまうのは高校時代からずっと。就職活動では企業に自分の長所をＰＲしないといけないのですが、それがわからなくて友人に客観的な意見を聞いてみたことがあります。そこで言われたのが「スケジュール管理がうまい」でした。

確かに、授業のコマとアルバイトを組み合わせて、予定をどんどん埋めていっていました し、今も、たとえオフの日でも気がつけば予定がきっちり入って、休みではないような日も。当時も、アルバイト以外にも、もちろん旅行も行くし、デートもするし、自分で組んでおいていっぱいいっぱいになってしまうこともありましたが、何も予定がなくボーッとして過ごす、というのは苦手でした。

恋愛の失敗も繰り返していたんですが、悲しくて泣いているときも、「あれ？　落ち込んでいる時間がもったいないぞ」とふと思うと、ワーッと思いっ切り泣いたらそれで終わり。次にやることを考えよう！と、切り替えるのは早かったように思います。

大阪でわらび餅
京都で豆大福

行動範囲がますます広がり、甘いものへの探求心はどんどん深くなっていきました。

大阪方面に行ったら、いろいろなデパートのデパ地下めぐりをするのが楽しみ。馴染みのある『モロゾフ』『ヨックモック』『ブールミッシュ』……おばあちゃんも大好きな『福壽堂秀信』も大阪のデパ地下には入っています。知らないものがあると食べてみたくて、このころにかなりコンプリートしたように思います。『モロゾフ』の定番「デンマーククリームチーズケーキ」は、母も妹も大好きで小さいころから食べていたので、よく買って帰っていました。たまにこっそりひとりでワンホール食べることもありましたが……。

他にも好きだったのが、『甘党まえだ』のわらび餅。安倍川餅のように大きいわらび餅はとても弾力があって食べ応え抜群。きめ細かく上品な甘さのきな粉に黒蜜がよく合います。お店で食べるときは、ソフトクリームが添えられたわらび餅もはずせません。

わらび餅といえば、『文の助茶屋』の抹茶わらび餅も思い出の味。こちらもひとつひとつが大きい三角形のわらび餅で、そのわらび餅が見えないくらいたっぷりの抹茶の粉でおおわれています。少し甘めのわらび餅に、爽やかな抹茶の風味。家族で買い物に出かけた帰りに、この抹茶わらび餅を食べながらみんなでひと息ついていたのを思い出します。

車に乗るようになってからは、京都や神戸へもドライブがてら出かけるようになりました。『青木松風庵』のいちご大福で和菓子に目覚めたわけですから、豆大福や塩大福は和菓子屋にあると必ずチェックするひと品です。美味しいと聞くと足を延ばして食べに行きましたが、京都の人気店『出町ふたば』は納得の味。大きな香り高い豆によく合うあんこ。鴨川沿いに腰かけて食べて、ちょっと大人になった気分を味わっていました。

大学のある和歌山では、ドライブしながら山の中にあるパン屋さんをめぐるのが楽しかったのを覚えています。

車でないとなかなか行けないようなところに、天然酵母やお水にこだわっている本格的なパン屋さんやカフェがあるんです。紀美野町というところにあるログハウスのパン屋さん『ベーカリーテラス ドーシェル』は、海が見える素晴らしいテラスでランチをすることもできます。狭い山道を進んだ先にある可愛いお店『森のぱん屋さん』のあんパンは予約して買いに行っていました。そんな素敵なパン屋さんを見つけては、ゆるやかに流れる時間と美味しいパンを楽しんでいました。

大阪からだと、日帰りで伊勢神宮にも行けます。とても広い境内を歩いて参拝したあとは、もちろん甘いもの。伊勢名物『赤福』は、川の流れを表しているというこしあんに、とてもやわらかくよく伸びるお餅が包まれています。家族全員、昔から慣れ親しんだ味で、お土産にするとあっという間になくなるので、それぞれ食べたい分は申告して確保していました。世の中はパンケーキブームだったし、ケーキもしょっちゅう食べていたけれど、やっぱりあんこ、和の味からは離れられません。

入りたいゼミが見つかる

さて、アルバイトに遊びに甘いものめぐり、とプライベートばかり充実させていたわけではありません。大学でも目標を見つけました。

それは、足立基浩先生のゼミに入ること。

足立先生の専門は「中心市街地活性化」という分野でした。例えば、和歌山の「ぶらくり丁商店街」という、かつては栄えていたのに今は人通りが減ってしまった中心市街地の活気をもう一度取り戻そうという〝まちづくり〟プロジェクトを行っています。昔を知っている商店街の方へのヒアリングや、商店街の情報を提供するインターネットラジオ局の開設、学生が主体のオープンカフェの運営など、取り組みもとても面白そう。日本はもちろん、ヨーロッパも飛び回って研究されている先生のお話にはとても興味があり、先生のゼミに入りたいと思うようになりました。

ただ、大変人気のゼミですから入るために試験があります。

ゼミは基本的には三年生からですが、足立先生の場合は二年生で「基礎演習」という三十人ほどの少人数の講義があり、わたしもさっそく受講。その後、三年生になるタイミングで筆記テストと面接をパスした学生だけが本来のゼミに入ることができます。

先生はもちろん平等に点数をつけますが、どうしてもゼミに入りたいわたしは結果発表の一、二時間前から、先生の研究室の前をウロウロ。「先生、そろそろでしょうか?」と何度か聞き、やる気を見せつつプレッシャーをかけるという作戦で、どうにか受かろうとしました。結果、無事ゼミのメンバーになることができたのですが、あとから聞いたら、そんなことをしなくても試験はちゃんと合格点だったそうです。先生には今でも、「あのときの川田さんは怖かったよ~」と笑われます。

アナウンサーへの夢
スタート地点に立つ

足立先生、そして先生のゼミとの出合いこそ、アナウンサーになりたいという夢のスタート地点でした。

実は、「アナウンサー」という仕事は、中学生のころに見たドラマ『ニュースの女』で鈴木保奈美さんが演じていたキャスター姿が印象に残っていて、漠然とした憧れは抱いていました。でもそれは、ドラマの中の華やかな世界で、実際にどういう仕事なのかは全然わからずに「かっこいいなぁ」と思っていただけ。そんな、よくある中学生のぼんやりとした思いに少しずつ輪郭ができてきたのは、まぎれもなく足立先生とゼミのおかげです。

当時、わたしの周りにアナウンサーになった人などひとりもいませんでしたし、和歌山大学の卒業生でも、テレビ局を含め、マスコミ業界に就職する人はかなり少なかったように思います。憧れを持ってはいたけれど、現実になるとは思えない程度のものでした。

ゼミ生で放送していたインターネットラジオでは、情報を電波に乗せて伝えるということを実際に体感できた貴重な経験でした。自分たちでオンエアに向けてスケジュールを組み、取材のアポを取り、商店街に行って「今はこのような状況ですが、昔はどうでしたか」といったインタビューを録音します。放送に向けて、何が必要で何が足りないのか、自ら取材することで少しずつわかってきました。

しゃべり手、つまりMC、ディレクターなどの役割は持ち回り。どちらも経験して、どうすればよい放送につながるか、それぞれの立場から話し合えました。

また、先生が月に一度くらいのペースでテレビ和歌山の番組に出ていて、その現場を見学させてもらったこともあります。

このとき、初めて「アナウンサー」という仕事を目の当たりにしました。

アナウンサーは、書かれている原稿を読むだけが仕事ではありません。インタビュー取材をして、原稿を書いて、編集までできる方さえいます。プロの現場は、想像以上に臨場感と緊張感に包まれていました。

そして、アナウンサーの方も、番組スタッフの方も、そこにいる全員がとても生き生きとしているように見えました。それぞれのプロフェッショナルが集まり、ひとつの番組を完成させるために全力を尽くす。そんな〝生の現場〟を見ることで、私のアナウンサーに対する気持ちはどんどんくっきりとしたものになっていきました。

足立先生には、二年生のときに「アナウンサー」という仕事に興味がある、と伝えていました。

「狭き門って言われていますよね。何千人も受験して、受かるのがひとりかふたりってどうなんでしょう……」

そんな弱気なわたしに、先生はすかさず、ひと言。

「でもゼロじゃないでしょ？」

確かに、ゼミの先輩には、新聞記者になったり海外で企業を立ち上げたりと、夢を叶えて羽ばたいていった人が多くいます。みんなが最初から「できるわけがない」「どうせ無理」と考えていたら、行動できなかったはず。たった一度の人生だし、うまくいく可能性は限りなく低いけれど、決してゼロじゃない。それなら、挑戦する前から諦めてしまうのはもったいない、と思えるようになりました。

居酒屋
三楽

〈第三章〉

お祝いのお赤飯と、わたし

アナウンサーを目指して

当時のアナウンサー試験は、他の業種に比べてかなり早い時期に行われていたので、夢だの目標だの言っている暇はありません。就職活動自体は三年生の春からですが、二年生の夏ごろには、東京のテレビ局が主催する「セミナー」がありました。仕事を数日間体験する「インターンシップ」に近いものです。本番と同様にエントリーシートを提出し、合格すると実際にテレビ局へ呼ばれます。

幸い、わたしもセミナーを受けることができ、「やっぱり目指す価値のある仕事だ」と、夢が具体的に目標になり始めました。

大学に入ったころから、父との関係はようやく元通りになってきていました。大学受験のとき、親に頼らなければ進学できないこと、そして限られた中でも全力でサポートしてくれている深い愛情を実感したからです。

そのとき、父は、できればまだひとり暮らしをさせたくないと言いながらも、実際は「悔いのないように、裕美が受けたいところを受けていいよ」と、受験料が増えてしまうにもかかわらず、他の大学も受験させてくれました。

高校時代から、アルバイトなどをどんどん自分で決めてしまうわたしに「裕美が考えて選んだのなら」「なんでも経験してみたらいいよ」と、決して反対することのない父。

一度、「なんで何も言わないの?」と聞いたことがありますが、「裕美のこと信用してるから」とひと言。その言葉を聞いて、「今まで勝手に反抗して口もろくにきいていなかったけれど、お父さんはちゃんとわたしのこと見てくれていたんだ」と感じました。自分のしていたことを恥ずかしく思うと同時に、父が悲しむことはできないと思ったひと言でした。


さて、当然のように「アナウンサー試験を受ける」ということも、両親には決心してからの事後報告。父からはこれまでのようにまったく反対されませんでしたが、まさかの、母が大反対。

母のイメージする「アナウンサー」という仕事は、テレビ画面に映っている遠い世界であり、派手で浮き沈みがあるのではないかと心配になってしまったのです。「娘がまったく知らないところに行ってしまう」という不安はわからなくもありませんが、わたしが受けるのはテレビ局の局員なのです。「お父さんと同じサラリーマンだよ」と言っても、当時はイメージがわかなかったようでした。

母はその後もかなり長い間反対していて、「一次試験、通ったよ」と言っても喜ばず、落ちたと報告すると「ああ、よかった」。この言葉は、受けている間、少しつらく感じましたが、いつかはわかってもらえると信じていました。

受けたのはテレビ局のみ 怖いもの知らずの就職活動

わたしが受けようと決めたのはテレビ局のアナウンサー試験のみ。周りはさまざまな業種を一〇〇社以上受けている子も少なくなかったので、受かる確率の低いアナウンサー試験に絞るのは、かなり思い切ったことだったと思います。

目標に向かうとき、それだけに集中して進めるのが自分に合っていると思っていたし、いろんな準備を同時にできるほど器用ではありません。さまざまな業種を受けようとしたら、きっとどれも中途半端になってしまうと思いました。ですから、三年生の一年間は、アナウンサーになるためにできることを、悔いが残らないように全力でやる、と決めて走り始めました。家族には「今年全部落ちてしまったら、来年一般企業も受ける」という約束で、しぶしぶ了承してもらいました。

そう決心したものの、まず、何からすればいいのかがわかりません。アナウンサー試験は、他の業種の就職試験よりスタートが早かったので、まだ周りの人たちは、就活そのものを始めていない状況だったのです。近い世代で、和歌山大学から放送局に入った先輩にもたどり着けず、OG訪問ができなくて、地元放送局の方にアナウンサー試験とはどういうものか聞いたり、発声のアドバイスをいただいたりしました。

このままでは試験に関しての情報が少なすぎると感じたこともあって、大阪にあるアナウンススクールにも入りました。そこで、自分では気がつかなかった大きな課題「標準語」に直面することになります。地方出身だと、必ずと言っていいほどアナウンサーになるときにぶち当たる壁ではないでしょうか。自分では標準語で話しているつもりでも、相当間違っていると指摘されます。

それもそのはず、生まれたときからほぼ大阪にいて、家族は全員大阪弁を話します。しかも、泉大津周辺の〝泉州弁〟は大阪弁の中でもクセがあるので、まずは〝標準の大阪弁〟をマスターしてから標準語、という二段階の矯正が必要でした。

これを克服するには、まずは標準語をしっかり聞き分けられるようにしていかなくては……と、ひたすらニュースを見て聞いて、新聞を声に出して読むことを続けました。アナウンススクールのテキストを手放すことができず、お客さんが入る前の焼き鳥屋さんでは、大きな声を出して練習させてもらっていました。

早くからアナウンサーを目指している人は、中学・高校で放送部に入ったり、マスコミ系の学部がある大学に入って練習を積み、情報を共有しています。試験がスタートする直前に、まだこんなことをしている状態ですから、怖いもの知らずだったな、と思います。

不合格の連続
関西最後のテレビ局で合格

三年生になり、いよいよ本番がスタートしました。当時のアナウンサー試験は、まず東京のキー局から始まり、次に大阪、そして名古屋や福岡と続いていきます。わたしが受かった読売テレビは、大阪では試験が一番遅い局でした。もし、読売テレビがだめだったら、他の局も受けるつもりでしたが、生まれ育った大阪の局を希望していたので、ここでなんとか受かりたい、という気持ちでした。

こんなわたしがなぜ合格できたのか客観的に考えてみると、技術や情報量ではなく、テレビ局のアナウンサー試験にしぼり込んだことがよかったのではないかと思います。一回一回、〝不合格〟になるたびに、じっくり時間をかけて振り返りや反省ができたからです。失恋したときに、泣いている時間がもったいないと思ったのと同じように、落ち込んでいる時間がもったいなかったので、〝不合格〟の現実に真剣に向き合いました。

例えば、最初に受けた東京のキー局では、エントリーシートは通るものの、一次面接で不合格。

落ちたということは、倍率は関係なく、確実に「何かが足りない」ということなのです。東京と大阪の局を合わせても、この一次面接は十回もありません。一回一回が大切ですので、「次は、もう少しうまく話せる」などという過信で同じ内容で臨んではダメだと思いました。改善したエントリーシートと面接で挑んだ次の局では、一次面接を通過できました。でも、筆記試験で落ちてしまって、今度は筆記の勉強の見直しです。

もちろん、早々に受かるにこしたことはないのですが、この就職試験の期間は、これまで気づくことのなかった自分の弱点も強みも、すべてが浮き彫りになるような貴重な時間だったと思います。

そんなふうに試行錯誤を繰り返し、大阪で二番目に遅い試験だった関西テレビでは最後の十人くらいまで残れました。内定にはまだたどり着けませんでしたが、最初はまったく引っかからなかったので、少しずつ目標に近づいていきている実感がありました。

会って話したくなるエントリーシート

最初のほうに書いていたエントリーシートと、合格をもらえた最後のエントリーシートでは全然違うところがあります。それは〝濃さ〟。濃くなったのではなく、逆に余白を持たせるようにしたのです。

最初の数回の失敗で反省したのは、「わたしを知ってほしい」「学生時代にこんなことをしました」と、ついついたくさん押し込みがちだったということ。熱意を伝えたくてエントリーシートになんでも書いてしまいましたが、実は〝引く〟ことも大切かもしれないと思うようになりました。

エントリーシートは最初の選別資料でもありますが、面接官にとっては、会う前の唯一の情報です。ここにすべてを書いてしまうと、会って話を聞いても「書いてあることと同じだね」となってしまいます。「ここはアピールしたい！」というポイントは詳しく書きますが、会って話すことを楽しみにしてもらえる余白も持たせたほうがいい、そう考えました。

また、つい書き込みたくなる〝熱意〟や〝思い〟も、文字で読んでもらうよりも、直接話すほうが、表情や声色からしっかりと伝えることができるはず。すべて書き切るのではなく、会って話すときにどう伝えよう、と考えるようにしました。

ちなみに、今はエントリーシートを書くことはもうありませんが、収録の前にアンケートを書いたりします。

わたしは、ここでは、ちょっと書きすぎだと思われかねないくらい、思いつく限り詰め込んでいます。読みやすいように段落分けしたり、表のようにしてみたりして工夫はしますが、どちらかというと熱意も込めて書きます。「あれ、余白は?」と思うかもしれませんが、これは、アンケートを読んで番組を構成するスタッフの方とわたしが会って話すチャンスがない場合。読んでもらうだけで完結するものと、その後会って話せる場合では、書き込む濃度はまったく違ってくるんです。

深い引き出しを少しだけ持つ

面接でも、回を重ねるごとにわかっていったことがありました。

どんなにいろんな想定をしても、面接でどういった質問が来るかはその瞬間までわかりません。そして、それに対して「たくさん引き出しを持っておかなくちゃ」という焦りから、さまざまな分野に手を出します。見聞を広めるべく、本を読んだりインターネットで調べたり。もちろん、わたしもそうでした。でも、そんなふうにつけ焼刃で仕入れた知識など、人生の大先輩である面接官にはすぐ見抜かれるものです。


「浅い引き出しをたくさん持つより、少なくても深い引き出しを持とう」

例えば、わたしなら、生まれてから過ごしてきた泉大津という街と家族。四年間焼き鳥屋で接客をした経験、足立先生のゼミでの活動、のたった三つ。

どんな質問が飛んできても、この三つの引き出しに入っているエピソードを取り出せば、薄っぺらいものではなく、自分という存在の根本にあるものなので、自信を持って話すことができます。そして、よりエピソードが具体的で、わかりやすい話ができるはずです。つまり、少なくていいから深くて大きな引き出しが必要なのだと思いました。

半年ほどの短い就活期間でしたが、試行錯誤しながらいろいろな分析ができたのは、目標をしぼり込んで反省と修正を繰り返せたからでしょう。もし、目標がはっきりしている場合なら、こういったやり方は決してリスクばかりではないと思います。

「いいプレゼントをありがとう」

落ちるたびに自信を失い、めげそうにもなったわたしを支えてくれたのは、やはり身近な人たちの応援でした。

母は反対だったものの、父や妹、祖母もあたたかく見守ってくれました。

足立先生は「先生、今回もだめでした」と報告すると、「川田さんが落ちるなんて、なんでだろう」「受かるはずなのに」と、いつも前向きな言葉をかけてくれました。「やはり無謀だったんだ」と思わせるような言葉は一度もなくて、「次こそうまくいくから!」と明るく支え続けてくれました。「まったく根拠はないのに、なぜそう言うのかな」と思いながらも、「よし、次こそ頑張ろう」と気合いが入りました。

信じてくれている人がいると、その人を喜ばせられるようなお返しがしたい、と思うものです。先生の言葉には不思議なパワーがあったように思います。

最後の最後、ついに内定をもらったのは、忘れもしない三年生の一月二十八日。なぜ日付まで覚えているかというと、この日は母の誕生日でした。

内定が出て真っ先に電話で報告した相手は、やはり母。

「いい誕生日プレゼントをありがとう」

反対していた母がそう言ってくれたときは、何より嬉しくて、その場に座り込んで泣いてしまいました。母は、大学に通いながらアナウンススクールで学び、アルバイトの合間も練習していたわたしを見て、だんだん気持ちが変わっていったそうです。局のアナウンサーという仕事のことも、このときには理解してくれていました。

祖母はテレビ業界のことはもちろん、テレビ自体ほとんど見なかったので、まだ状況がよくわかっていないようでした。ただ、「会社が決まってよかったね。大阪にいてくれるなら、ひとり暮らししてもすぐに会えるね」と嬉しそう。「早くテレビで仕事をしているところをおばあちゃんに見てもらいたいな」と思いました。

その日は川田家の定番、お赤飯でのお祝い。

アナウンサーになれる、しかも就職しても大阪にいられる。その後の試練もまだ知らず、夢いっぱいの夜でした。

たったひとりの研修がスタート

三年生の一月に内定をもらい、これでひと安心、というわけにはいきません。

入社までまだ一年以上あるうえに、せっかく大阪にいるので少しでも研修を、ということで、毎週月曜日に読売テレビに通い、現役アナウンサーからアナウンス技術を教わることになったのです。

この年は、読売テレビとしては初めて、女性アナウンサーをふたり採用。同期の虎谷温子アナウンサーは筑波大学に通っていたので、参加せず。たったひとりでの研修が始まりました。

まずは基礎練習。「あ」「い」「う」「え」「お」の五十音がきちんと発音できているか、口の形、舌の位置、腹式呼吸という基本的なことから教えてもらいます。

アナウンサーは全員、こんなふうに一音一音気を配って発音するところから始まるのか、と驚いた記憶があります。

先輩と一緒にハンディカメラを持って街に出て、インタビューの練習をしたこともありました。公園やお店で「来年、読売テレビに入社する予定の川田裕美と申します。インタビューの練習をさせていただけますか」と許可を取るところから。インタビューを録画し、それをアナウンス部に持ち帰ってチェックします。「座っている人に立ったままお話を聞いている」「学生の言葉遣いになっている」と、インタビュー内容以前の問題がどんどん出てきて、まずは相手に話を聞く姿勢を考えることからでした。

また、標準語が相変わらず完璧でないわたしには、アクセント辞典に載っている最初から最後まですべての言葉のアクセントをチェックして、意味のわからない言葉は国語辞典で調べて書き込むという作業を、二回するという課題が出されました。

そんな風に、先輩方は普段の仕事をしながらマンツーマンの研修をしてくださったので、「なんて素敵な職場、早く働きたい！」という気持ちになりました。

親に借金をして世界スイーツ旅行

もうひとつ読売テレビに感謝しているのは、研修に通ってアナウンサーになる準備はするのですが、今しかできないことを優先するように言ってくれたことです。

特に、旅行。父が飛行機に乗れないということもあり、小さいころは電車で三駅行ったところの旅館に泊まるのが〝旅行〟でした。さすがに、高校生になって「近すぎない？」と気づいてからは、妹と一緒に「もっと遠くに行きたい」と主張しましたが、それでも県をまたいで和歌山に行くのが一番の遠出。大学に入ったら、毎日通学で和歌山に行くことになるのですが……。


しかし、内定をもらったら、大学の先輩方には「もう長期休暇は年に何度も取れないから、親に借金をしてでも旅行をしろ」と言われました。「そういうものなのか」と、教えを忠実に守り、本当に両親からお金を借りて旅行をすることにしました。

父は残念ながら留守番でしたが、母と妹とはハワイ旅行に行きました。友人とは韓国やロサンゼルスへ。卒業旅行はヨーロッパで、ギリシャとイタリアです。せっかくの機会なので、世界中のスイーツを食べよう！と、旅先では甘いもの三昧。一番のスイーツ仲間である妹とは、ハワイでビッグサイズのチーズケーキや色あざやかなかき氷のシェイブアイスなどを食べて、満喫していました。この一年で海外旅行の楽しさを知り、そこからは毎年海外に行くようになったので、先輩方の言う通りにしてよかったです。

就職が決まって家族は喜んでくれるし、旅行やアルバイトをする時間もたっぷり。研修で先輩の仕事を見て、「入社したらわたしも頑張るぞ」と、希望に満ちた大学最後の一年でした。

〈第四章〉仕事終わりのゆであずきと、わたし

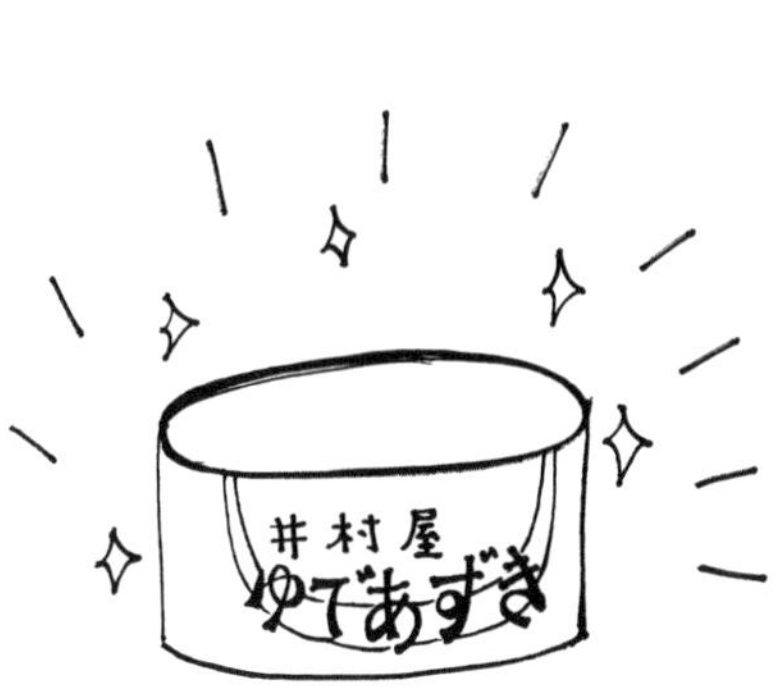

波乱のアナウンサー人生、幕開け

憧れのテレビ局にアナウンサーとして採用され、大阪の中心地でひとり暮らしも始め、スタートは希望に満ちたもの……になるはずでした。が、実際は、思い出すのも恥ずかしいことばかりの、波乱の社会人一年目でした。

同期入社は十八人。アナウンサーは初めての女性ふたりの採用です。当時の読売テレビはひとり、もしくは採用のない年もあり、女性アナウンサーふたり同時の入社は異例のことだったそうです。同期の虎谷温子アナウンサーとは、内定をもらってから今に至るまで本当に仲がよいのですが、ただでさえ、「今年のアナウンサーは?」と注目されがちなのに、女性ふたりとなるとどうしても比較されてしまいます。

多かったのは「虎谷がニュースで、川田はバラエティだな」という声。今となっては、バラエティ番組を担当するアナウンサーが面白いことを言わないといけないというわけではないと分かりますが、入社してすぐのわたしは、「そんなに面白くないのに、どうしよう」。虎谷アナも、ニュース担当と決めつけらているように感じたのか、悩んでいました。しかも、彼女は青森県出身で関東の大学に通っていたので、大阪での生活は初めてです。毎日会社で会うのに、夜な夜なふたりでごはんを食べたり、お茶をしたり、休みの日も会って話すほど、お互いを必要としていたと思います。

ニュースを読ませてもらえるようになるまでの研修期間中、わたしは怒られることばかり。例えば、情報番組での初めての生中継。京都で朝から祇園祭の取材をし、夕方の生中継に臨みます。スタジオから「今日一日、いかがでしたか？」と聞かれたわたしは「ホントに疲れました～。早くビールが飲みたいです！」……正直な感想ではありますが、新人が「疲れた」なんて、そりゃ怒られますよね。このときは、アナウンス部に戻って、こってりしぼられ、視聴者の方からも厳しいご意見が届いていました。当然です。慣れていないロケで気が張っていて疲れ切っていたとはいえ、つい本音が出てしまったという、幸先の悪い初中継でした。

わたしのせいで虎谷アナに迷惑をかけたことも何度もあります。スタジオでの研修に使う教材をアナウンス部のデスクに忘れて手ぶらで来てしまい、「何しに来てるんだ！すぐに取ってきなさい！」と先輩に怒られ、スタジオを飛び出したわたし。怒りが収まらない先輩から、虎谷アナが代わりにずっと怒られていたそうです。わたしがスタジオに戻ってきたときにはもう先輩の怒りは収まっていたので、ラッキー……いや、申し訳なかったと思っています。

注意力不足で視野が狭い、想像力を働かせて動くことができない、そして何より、言葉が出てこない。毎日、できないことの連続。

「正統派の虎谷がいるから、川田が採用されたのかな」

今ならまったく気にならないような言葉も、自信を失っているわたしには全部直球で耳に入ってきてしまいます。「わたしはおまけなんだ」「だから何をやってもダメ」。期待してくれている家族にはもちろんこんなことは言えませんので、局のトイレかひとり暮らしの部屋で、泣いていた記憶があります。

それまでも自分に自信があったわけではないけれど、採用試験を試行錯誤して突破して「頑張ったらわたしにもできる」と思えた気持ちが、ポキンと折れてしまったようでした。

デビューは生放送のニュース遅すぎて四割カットに

〝初鳴き〟といわれる新人アナウンサーのニュースデビューは、毎年七月。お昼前に放送するニュース番組『ストレイトニュース』と決まっていました。どんな分野に進むにしても、読売テレビのアナウンサーはニュースをしっかり読めなくてはいけない、という考えから、デビューの日に向けて研修を進めます。

わたしの初鳴きは七月二十二日。当たり前ですが「今日ニュースデビューの川田裕美」などという紹介は入りません。視聴者の方は、プロのアナウンサーが読む普段通りのニュースとして見ていますので、どんな逃げ道もないのです。

生放送のニュースですので、原稿ができ上がるのは本来、本番直前。それを「今日は新人がデビューする」ということでかなり早めに書いてもらって、本番まで何度も何度も、暗記するくらい読み込みます。

この日は土曜日でしたが、先輩アナウンサーも出社してわたしの初鳴きを心配そうに見守

ります。この日までに、本番さながらのシミュレーションを何度もさせてもらっていること
もあり、大きなトラブルなく終えることができました。
ただ、終わってからの反省会とVTRチェックで出てきたのは、根本的な失敗。
間違えてはいけない、噛まないように、わかりやすく伝えなければ、と思いすぎて、スロ
ーモーションで放送しているかのような速度で、恐る恐る読んでいました。
通常ならだいたい一分で三百六十文字くらいは読めるところを、六割ほどしか読めなかっ
たのではないかと思います。下読みの段階で、時間内に全然入らないので、どんどん原稿を
カットしてもらわなければなりませんでした。報道記者が、現場で取材してせっかく取って
きた情報を、わたしの読みが下手なせいで削らなければならないのです。

自分でも、慎重にゆっくり読みすぎたという感覚はあったものの、あらためてVTRを見
て愕然としました。一度も言い間違いはしていないのに、ニュースの内容が伝わってこない
のです。とにかく「きれいな口の形」「正しい発音」――と研修で学んだことを必死に実践し
ているだけ。アナウンサーは、ニュース原稿を、正しく聞きやすい声で読むのはもちろんで
すが、一番大切なのは「内容をきちんと理解して伝えること」。研修でも、これはずっと先

輩から教えられていたのに、ただ読むことに必死になっていて、伝える相手のことをまったく考えられていませんでした。

この惨憺たる初鳴きの翌年、その次の年、と、後輩たちの同じ日に立ち会いましたが、結構すらすら読んでいて……。わたしほどひどい初鳴きはその後、見ていない気がします。

レギュラー番組初めてのロケは「鼻から水を吸って目から出す」

一年目の夏から担当したのは、今年二十五周年を迎えた、読売テレビを代表する長寿番組『大阪ほんわかテレビ』。話題のスポットやお店、何かに熱中している人などの情報を日本中探して伝えるコーナーのリポーターをすることになりました。子どものころから家族と一緒に楽しみに見ていた番組なので、願ったり叶ったりです。

初めてひとりで臨むロケの行き先は鹿児島。わくわくしながら台本に目を通し始めて、一瞬で目が点になりました。

〝コップに入れた水を鼻から吸い込んで、目から出す達人〟

鼻から勢いよく吸い込んだ水を、涙腺からピューっと吹き出すことのできる達人がいて、どれくらい遠くまで届くのか挑戦してもらうというものでした。

『ほんわかテレビ』の初回から出演しているメンバーのひとり、森たけしアナウンサーは新人教育の担当だったこともあって、この番組に関しても一からみっちりと指導してくれていました。このロケに行く前に出された課題は「思いつく限りの質問を書き出すこと。目標は百個！」。もちろん、すべて本番で聞くためのものではなく、想像力を働かせるトレーニングです。

「どうやって飛ばすんですか」という質問から、「やってみようと思ったきっかけは？」「コツはありますか？」「うまくいく日といかない日の違いは？」

だんだん困ってきて

「ご家族はどう感じているんでしょう」

もう出てこない……。

「楽しいですか?」――。
必死に考えても二十個くらいで止まってしまいます。

それだけたくさん考えていっても、ロケが始まると思うように質問が出てこず、いきなり困ってしまいました。この番組のロケは、「カンペ」が一切出ません。どうやって質問していくかはリポーター次第。先輩方がそうやってつくり上げてきたコーナーですから、新人であろうと特別扱いはないのです。何も考えずにここに来ていたら、もっととんでもないことになっていた……と怖くなりました。

そして、わたしも挑戦してみるという流れに。コツをていねいに教えてもらいましたが、もちろんできるわけもなく、思い切り鼻から吸い込んだ水が、あっという間に全部鼻から出るという悲惨な事態になりました。憧れのアナウンサー像とは程遠いロケデビューです。

一秒単位の世界でニュースを読むこともあれば、このように少し変わったロケも。「アナウンサーっていろんな仕事があるんだな」としみじみ実感しました。

今となっては、入社前に抱いていたアナウンサーに対する幻想を、早いうちに打ち砕いてもらってよかったと思います。技術が追いついていない間は、体を張って表現することも大切。特にわたしは、かっこよくてシュッとした正統派アナウンサーになれるはずもないということを、この時点で気づきました。

アナウンサーとして育ててくれた技術さんたち

「技術さんたちが、大事なことを教えてくれるよ」

そうアドバイスをくださったのは、当時の先輩、脇浜紀子アナウンサーでした。

ロケは、スタジオに比べて少人数のチームで動きます。

忙しいアナウンサーやタレントさんの場合は、現場の混乱を避けるためにも本番ギリギリに現場に来て、終わったら先に帰るということも少なくないようですが、読売テレビの新人アナウンサーがそんな待遇であるわけがありません。

カメラマン、音声さん、照明さんら技術スタッフと、ディレクター、アナウンサーが一緒にロケ車に乗って現場に入ります。到着すると、インタビュー相手の方や、お店のスタッフへのご挨拶、打ち合わせに参加します。本番が終わったら、アナウンサーなしの収録部分が終わるのを待って、また同じロケ車で戻ります。

脇浜さんからは、「技術さんの撤収を手伝わせてもらいなさい」と言われていました。きっと邪魔になってしまうけれど、お願いしてでも手伝うように、と。やはり最初は「大丈夫だから座ってていいよ」と言われてしまうのですが、しつこくお願いして、一緒に片付けたり荷物を持ったりしました。そのうちに、ケーブルの八の字巻きも教えてもらえるようになり、だんだんコミュニケーションが増えていきます。あるとき、ケーブルを巻きながら「今日も全然ダメでした」とポロッと話すと、「今日の内容だと、もう少し最初から元気にいってもよかったかもね」というアドバイス。

帰りのロケ車でも、自分から「あの部分はどうでした？」と聞いてみると、出てくる出てくる、プロの意見。

「川ちゃんはすぐ次の話に移ったけど、まだあの人の目線は残ったままだったからもう少ししゃべりたかったんだと思うよ」「大きさを見せたかったなら、もっと近くに寄っていけばわかりやすかったかな」と、アドバイスがとても具体的で的確です。

グルメリポートでも大切な、料理を美味しそうに見せる方法や、食べかけの部分を隠す角度も、技術さんから教わりました。アナウンス技術とはまた違った部分で、画面からの印象に直結するアドバイスを多くもらえました。

一緒に動き、話す時間も増えると、チームとしての結束も固くなります。「あそこにいる人に話を聞きたいな。でも、あの場所まで行くのはちょっと難しいかな」。そんな相談にも快く応じてくださるようになったり、わたしもみなさんに早く一人前と認められたい、と努力します。新人時代に迷惑をかけまくり、大変お世話になった技術さんたちとは、今も仲よし。とてもありがたい存在です。

師匠はひょうきんなスパルタ教官

新人教育担当だった森さんは、関西の人ならだれもが知っているアナウンサーです。

阪神タイガースが大好きで、食い倒れ人形みたいなメガネがトレードマークのひょうきんな方。でも、わたしにとっては、尊敬するアナウンサーのおひとりで、最初に森さんと同じ番組を担当させてもらい、つきっきりの指導をしていただけたのは、とても幸運でした。

インタビュー前の質問を百個考える以外にも、ロケが終わったあとは自分がリポートしたVTRを見ながら文字起こしです。自分が話している言葉をすべて文字に書き起こす作業をすると、無駄な言葉が見えてきます。わたしの場合は「あの」「こちら」が多すぎました。何でもかんでも「すごい」と言ってしまっているのも、この作業で気づき、自分で見ていて嫌になるほどでした。

これは、かなりの時間を費やしますが、アナウンサーにとって大切な基礎をつくってくれるものです。

森さんはアナウンス技術の基礎をとても大切にされていて、基本的な発声の指導にも力を注いでくれました。「ロングトーン」という、「あ――」と声をお腹から安定的に長く出す訓練があって、わたしは二十秒がやっと。調子がよくても三十秒までいきません。でも、アナウンサーたるもの五十秒、いや一分できるようになるまでこの部屋から出てくるな！というスパルタ訓練。「これをクリアしないと次に進めない」と思うと、会社でも家でも練習の毎日でした。ロングトーンには大事な意味があって、原稿を読むときに息が続かず途切れ途切れでは、文章がブチブチ切れてしまって内容が伝わらないのです。

もちろん、スパルタ訓練は愛情深いもの。いつもひょうきんな森さんが鬼コーチになるので怖かったけれど、熱心に教えてくださいました。森さんだけではなく、アナウンス部の先輩全員が、忙しい中、新人ひとりのために時間を割いてくれたことには、本当に感謝しています。

天狗になる余裕もない日々

どんなに失敗を繰り返しても、ありがたいことに、局アナは放っておかれるものではありません。仕事はどんどん回ってきます。

失敗はインタビューや原稿読みだけではありませんでした。アナウンス部のデスクの先輩が、アナウンサーたちの仕事のスケジュール管理も兼務しているのですが、基本的には自分の仕事は自分で把握して伝えなければなりません。その段階で時間調整ができていなかったりすることもあって、ここでもよく怒られていました。

わたしたちはサラリーマンで、マネージャーがいるわけではありません。「○時に△△駅集合です」と言われたら、ADさんと話し合いつつ自分でも飛行機や電車の時間を調べます。

ある日、指示されたのは早朝の新潟集合。当日朝、大阪から新潟に向かったら間に合わないし、前夜は別の仕事があって新潟への最終便にも間に合わず、前乗りもできない。「無理です。間に合いません。」とスタッフに言ってしまいました。すると、森さんから激怒の電話。

「自分でも全部のルートを調べたのか」と聞かれ、ADさんも一緒に調べてくれたのですが

無理だった、と返事をすると、

「本当に全部調べたか」

「調べました」……。

「東京に前乗りすれば間に合うはず。お前はちゃんと調べていない！」

わたしは、大阪から直接新潟に行くことしか考えていなかったので、「ああ、そうか……」

と言葉も出ませんでした。

もちろん、森さんは調べが甘かったことだけを怒っていたのではありません。番組の一スタッフとしていい番組づくりをするために、あらゆる手段を考え、間に合う方法を見つける努力をしなかったことに怒っていました。

読売テレビのアナウンス部は「自分たちはタレントではないんだから」という意識がしっかりしていて、なんでも自分で調べて動くことを新人のときからきっちり指導されます。森さんのカミナリは、それを改めて叩き込まれた瞬間でした。

読売テレビは、難関の試験に受かって華やかな世界に飛び込んできた、などと、新人アナウンサーが勘違いをしないよう、アナウンサーとしてだけでなく、まずは社会人としての教育を大切にしているように思います。実際は、天狗になっている余裕などまったくないのですが……。

自分の言葉で伝えるということ

森さんと脇浜さんは、日本テレビ系『ズームイン!!朝』という番組を長い間担当されていました。わたしは、生放送の番組での中継ほど難しいものはないと思っています。限られた短い時間に、画面と言葉両方で必要な情報を伝え、スタジオからはどんな質問が来るかわからない上に、放送されたら取り返しがつかない……。その中で「アナウンサーの仕事は、一字一句間違えずに読むことではない。自分の言葉で伝える」ということを教わりました。

それには、自分なりの下調べや取材が必要です。現場に到着したらすぐに動いて、その場所がどういう場所なのか、天気・気温もチェック。可能な場合は周りにいる方に話を直接聞いて取材をし、どう伝えるかを考えるのです。ディレクターの原稿を必ずしも書き直す必要はないのですが、言葉を足したりわかりやすく言い回しを変えることはよくありました。少なくとも、なぜ現在の原稿になっているのかを理解した状態で読むのと、ただ渡された文字を追って読み上げるのとでは、伝えられる情報の厚みがまったく違ってくるのです。脇浜さんからは、こういった生中継での心得を教わりました。

これは報道や情報番組の現場だけではなく、バラエティでも同じです。バラエティロケの現場では進行役になることも多いので、その場合は早めに現場に出て、取材場所を確認したり、情報を集めます。一般の方に出演していただくときは、雑談をしながら緊張を解いていくのも大切なこと。

ファーストリアクションが大事なときは事前に見ておいたりしませんが、そういった場合以外で出たとこ勝負でやろうとしたら大ケガをします。センスだけで乗り切れる人なんてひと握りの人でしょう。

想像をふくらませて事前に準備と取材をして、「自分の言葉で伝える」。この仕事をする以上、絶対に忘れてはいけないことのひとつだと思っています。

衣装もヘアメイクもひと苦労

学生のときは、「アナウンサーになったら、いろんなスーツを用意してもらえるのかな」と楽しみにしていたのですが、そんな甘いものではありません。局アナは衣装とヘアメイクが自前の場合も多いのです。読売テレビでは、スタジオでの仕事ならスタイリストさんに衣装を用意してもらえたのですが、ロケは自前。ロケ番組を長く担当していたので、これがなかなか大変でした。

テレビに出る前の研修期間ですら、着ていく服に毎日悩み、虎谷アナと「この色は派手かな」「柄のスカートはいつくらいから履いていってもいいかな」と、細かいことまで相談し合っていたのに、自分の服でテレビに出るなんて。このときいろいろアドバイスをくださったのは女性アナウンサーの先輩方でした。ただ好きな服を着るのではなく、取材内容に沿った服装を選ぶこと。そして、ほかの出演者の方とできるだけ色が被らないようにしたり、肌の露出を控えたり、アクセサリーやネイルにも気を配ります。

ヘアメイクも、ロケの場合は自分でやらなければなりません。局のメイクさんに早く上手くできる方法を聞いて、試行錯誤を繰り返しました。衣装もメイクも、清潔感があって、見ている人を決して不快にさせないようなスタイルを目指します。

『ストレイトニュース』も衣装は自前でした。スーツで出演していたのですが、さすがに毎回同じスーツで出るわけにはいかず、最低三パターンは必要です。祖母が「仕事で使うのなら」とスーツを買ってくれたときはどんなに嬉しかったか……。何年も着続けて、今もクローゼットに大切に保管してあります。

その他の衣装は、なにせ入社してすぐはお金がないので「質より量とバリエーション」。自分が好きかどうかは置いておいて、安くて仕事に使える服ばかり探して着まわしの工夫をしていました。

アナウンサーというのは、視聴者の方の憧れの対象になる必要はありません。「この人の話、聞いてみたいな」と思ってもらったり、親近感を抱いていただけると嬉しいのです。ファッションとヘアメイクも、そんなふうに心がけています。

ロケで四十七都道府県を制覇

先ほども書いたように、局アナの仕事は途切れることがありません。わたしも、まだまだ修業中の一年目から、様々な現場に参加することができ、目まぐるしい毎日を送っていました。

全国ネットで放送されていた『ニッポン旅×旅ショー』では、関口宏さん、三宅裕司さん、藤井隆さんというそうそうたるＭＣ陣とご一緒させていただきました。これは東京での収録だったので、『ほんわかテレビ』の全国ロケと重なると、週のうち2日ほどしか家で寝られないこともありました。

関西ローカルとしてスタートした『ミヤネ屋』では、週に一回、宮根誠司さんのアシスタントを担当しました。このころの宮根さんは新人が緊張しないよう気を配ってくださっていて、ごはんに誘ってくれることもありました。宮根さんは、同じ大阪のテレビ局、朝日放送の元アナウンサー。『おはよう朝日です』という朝の情報番組の顔でしたので、多くの関西の子どもは、朝、宮根さんに起こしてもらって毎日学校に行っていた、という存在です。右も左もわからない新人に対して、宮根さんはただただ優しい先輩でした。数年後、わたしの人生に深く関わる存在になろうとは、このころは、知る由もありません。

ニュースはアナウンサー全員で持ち回り。当時、局には緊急時のために二十四時間ニュースを読めるアナウンサーがひとり以上いなければなりませんでしたので、日勤、泊まり勤務もあります。年末年始のニュースは若手アナウンサーが担当することも多いので、わたしも局で年越しをしたことが何度かありました。

ずっと局や現場にいると疲れるのでは、と思われがちですが、いいこともたくさんあります。

衣装やメイク用品、ひとり暮らしの家賃、さらには学生時代、旅行と運転免許取得のために両親に借りたお金の返済があり、給料のほとんどが飛んでいっていたわたし。貯金も少しずつしたかったのでとにかくお金がなくて、家にいるときは豆腐ばかり食べていました。豆腐にポン酢やしょうゆをかけるだけですが、二丁ほど食べると結構お腹はふくれます。実際、疲れ切って自炊する元気もなかったのと、少し体重を落としたいとも思っていたのでちょうどよかったのです。内定をもらったあと、何も気にせず食べたいものを食べ、旅行中はここぞとばかりに大好きなスイーツを食べまくっていたおかげで太ってしまい、「面接のときと違う」と言われていたので……。その成果は出たのですが、先輩に豆腐生活がバレると、すぐにやめるように言われました。こんな無茶なやり方は、止められて当然ですよね。

家で豆腐で過ごしていたときの、仕事場での一番の楽しみは、食事。『ほんわかテレビ』では、今日は鹿児島、明日は北海道、あさっては沖縄。それくらいの移動は普通だったので、毎日の食事はほとんどがロケ先でのお弁当や外食。『ほんわかテレビ』は五年間担当してひたすらロケをさせてもらい、その間に四十七都道府県を制覇できました。ロケ先ではご当地グルメを食べられるときもあるので、男性スタッフと同じ量をもりもり食べていました。

また、当時のアナウンス部長も、森さんも、わいわい飲むのが大好きで「今日空いている人、行くぞー！」とよく食事に連れて行ってくれました。読売テレビのある大阪・京橋は飲み屋さんが集まっているエリアで、お鍋や焼肉、粉もんなど、どれも最高に美味しいんです。このころは、「後輩ができたらおごってあげなさい」と、いつも先輩が支払ってくれていました。家に帰ると豆腐しかないので、しっかり食べ貯めをしていた記憶があります。

ひとり暮らしの冷蔵庫に『井村屋』のゆであずき

そのころ、自宅での贅沢であり、楽しみだったのが、『井村屋』の缶入り「ゆであずき」です。ケーキを買ったら一つ四百円ほどしますが、これは二百円以内で買えて、少しずつ食べれば何日か楽しめます。実家にも必ずあったので、ひとり暮らしをしてからも甘いものの常備品といえばあんこ缶でした。

缶を開けてそのままスプーンですくい、砂糖の甘さと小豆の食感をダイレクトに味わいます。「明日からも頑張ろう！」と思える至福の瞬間。実家にいるときもひとり暮らしをしてからもずっと変わらない、あんこの楽しみ方です。

ロケ先で出合った今もお気に入りの甘いもの

このころ衝撃を受けたのが、兵庫のお店『トミーズ』の「あん食」。粒あんがたっぷりと練り込まれた食パンです。先輩に「あんこ好きならきっとハマるよ」と言われていて気になっていたところ、大阪のデパ地下の催事で発見。なんと一本一キロもある、ずっしりとした重みに期待が膨らみました。

まずは焼かずにそのままちぎって食べます。生クリームのほどよい甘みがあるふんわりやわらかいパンに、大好きなあんこという夢みたいな組み合わせ。食べたいだけ食べて、次は、厚めに切ってバターを載せてトーストします。これもまた、バターの塩味とあんこが最高に合うんです。あとは冷凍して、後日ゆっくり楽しみます。

これを食べてあんこが好きになったという人がいるくらいですので、どんな方にもオススメできるひと品です。

京都ロケで出合ったのは『一乗寺中谷』。ご主人が和菓子職人、奥様がパティシエというご夫婦で、和と洋が絶妙に組み合わさったスイーツがそろっています。名物は「絹ごし緑茶てぃらみす」。「豆乳やフロマージュブランを使ったクリームと、抹茶のムース、そして旦那さん自慢の白あんを重ねた味は、決して他のお店では味わえないでしょう。「でっち羊かん」といった、王道の和菓子もあり、こちらは薄く伸ばしたもっちり栗入りようかんが竹の皮に包まれているもので、手土産にすると喜ばれます。ご夫婦のお人柄も素敵で、お店はホッと落ち着く空間です。

離れていても伝わる家族の絆

毎日、怒られては反省の繰り返しで、褒められることはほとんどない一年目。そんな中でも嬉しかったのは、仕事をしているところを少しずつ家族に見てもらえるようになったこと。

それまでテレビをほとんど見なかった祖母は、わたしが出る番組をチェックして、その時間になるとテレビに向かって正座で見てくれていたようです。夜は八時か九時に寝ていたのが、わたしが出ているときは夜遅くまで起きてくれていて、「裕美ちゃんが頑張っているのを見ると、わたしも元気になるよ」と言ってくれていました。

そして、アナウンサーになることをあんなに反対していた母。

番組を見てくれているだけでなく、イベントに来てくれたこともありました。

海遊館のある天保山で読売テレビ主催のイベントがあったとき、仕事中のわたしをひと目見ようとやってきた母。中継をしていた宮根さんを偶然見つけ、大勢のお客さんの後ろのほうから「宮根さ〜〜ん！　川田の母です〜！」と大声で呼び、警備員に止められるという事件もありました。「すんごいお母ちゃんやなぁ」と宮根さんは笑ってくれましたが、少し恥ずかしかったです。

通常だと、仕事をしている姿を直接家族に見てもらうことはなかなかできません。でもこの仕事に就いたおかげで、家族に働いている姿を見せられて、応援してもらえる。アナウンサーになってよかったと思うことのひとつです。

読売テレビに入った一年目は、これまでの人生と変わりすぎて、夢中で過ごした激動の一年でした。今振り返ってみると、失敗を繰り返しながらも周りに支えてもらって毎日大切なことを吸収していたのだと思います。家族は変わらず見守ってくれているし、会社の同期ともしょっちゅう集まって励まし合っていました。なんて濃い一年だったんだろう、と懐かしく思います。

井村屋
ゆであずき
井村屋
ゆであずき

報道

〈第五章〉

みんなで食べるお菓子と、わたし

ゼロからみんなでつくり上げた『マヨブラジオ』

ほんの少しずつですが、自分も番組の一員として役に立ちたいと思える余裕が出てきたのは、三年目くらいのことでした。

読売テレビに入って三年目の四月、『マヨブラジオ』というブラックマヨネーズさんがメインのバラエティ番組が始まるので、それを担当してほしいと言われたのです。最初は「なんで自分なんだろう」と不思議に思って、「本当にわたしで大丈夫なんでしょうか」と聞きにいったくらい、意外でした。アナウンス部長と番組プロデューサーに「川田がいいと思ったからオファーしたんだよ」と言ってもらえて、自信をなくしているわたしも、初めて「期待してもらっているんだ。頑張ろう」と素直に思うことができました。

この番組は、ブラマヨさんとチュートリアルさんが四人でやっていた前身番組があり、リニューアルと同時に制作費が四分の三カットされることになりました。ここまで制作費が減るというのはあまり聞かないことなので、番組をたたむしかないと誰もが思ったそうです。

それでもプロデューサーの「どうしても続けたい」という熱意で始まった番組でした。とにかくお金がないので、収録スタジオが借りられませんでした。そこで、技術会社の事務所の二階をご厚意で貸していただけることになり、限られた人数で収録をすることになりました。

テレビ番組なのに『マヨブラジオ』というタイトルなのは、ラジオのようにテーブルの中央にマイクを置き、少人数でラジオブースから放送しているようなつくりだから。これも、経費を抑える工夫だったんです。

初回の放送は、まず事務所の大家さんのお家に「これからお借りします」というご挨拶にいくところからスタート。土曜の深夜、一時間半放送の番組なのに、明らかにスタジオではなく事務所の一室で、ブラマヨさんとわたしの三人はずっと肩がくっついているくらいの狭い場所(借りておいてごめんなさい!)。カメラマンは、階段に板を渡して、一歩でもずれると落ちるという不安定な場所で撮影したり、全員が知恵を出し合ってなんとか工夫して収録していました。そんな経験、誰もが初めてなので、みんなそれを面白がっていて、何が起きても笑って楽しんでいました。

オープニングトークをして、そのあと野性爆弾さん、関西で活躍されているファミリーレストランさん、天津さん、R-1チャンピオン・中山功太さん、ダイアンさんといったレギュラー陣が加わってトークをします。さらに、スマイルさん、銀シャリさん、かまいたちさんや天竺鼠さん、藤崎マーケットさんら多くの芸人のみなさんが、後にメンバーとして増えていきました。

その後、担当プロデューサーが同じだったことから、『ズームイン!!SUPER』という朝番組のセットに移ることになります。『ズームイン』のセットは朝しか使っていないので、空いている時間はこちらが使おう！ということで、「ズームイン!!」と書かれている部分を、針金ハンガーにぶら下げた『マヨブラジオ』のロゴで隠しての収録。前代未聞の完全な間借りでした。

ブラマヨさんはそのころよくネタにしていましたが、番組が用意するペットボトルのお茶は〝見たこともない銘柄〟。ADさんが駆けずり回って、とにかく安いお茶を探し出すんです。ブラマヨさんは、みんなで食べるためのお菓子を持ってきてくれたり、「賞金、寄付するために、東京のクイズ番組頑張ってくるわ」と言ってくれていました。

一度、メンバー全員で台湾へ海外ロケに行ったこともあるのですが、これは特別な予算がついたわけではありません。プロデューサーが予算を切り詰めて切り詰めて、長い期間貯金をして、ようやく叶った海外ロケ。ブラマヨさんふたりだけ、ではなく、全員で行きたいというのがプロデューサーの希望でもありました。みんなの夢を叶えてくれたのですから、それはもう最高の思い出になりました。わたしは、台湾かき氷やおまんじゅうなど、ここでしか食べられないスイーツもちゃっかり堪能。このときのＶＴＲは大切にとっていて、これまでに何度も見返しています。

なにしろ実力派メンバーが集まっていますから、『マヨブラジオ』は瞬く間に人気番組になりました。大きなスタジオで何度も特番をやったり、ＤＶＤを出すこともでき、スタートしたときのことを思うと感慨深かったです。

アナウンサーとして、ＭＣアシスタントとして、この番組から学んだことはたくさんあります。

特に、最初に考えるようになったのが〝現場の空気〟。ブラマヨのおふたりとわたしの三人でスタートするこの番組は、オープニングトークがとても面白くて、視聴者にもスタッフにも大人気。一週間の間に起こったできごとをおふたりが自由に話すのですが、このコーナーが人気になりすぎてどんどん時間がのびていき、最終的には20分以上オープニングトークが占めるようになったほどです。コンビの信頼関係もよくわかり、毎回必ず濃い内容でした。

そんなおふたりの隣にいるわたし。視聴者が聞きたいのはブラマヨさんのお話であって、わたしは邪魔をしないようにしなくてはなりません。とはいえ、ずっと黙っているのもおかしいので、どうすれば「邪魔にならず、でも、いる意味はある」という存在になれるのかを考えるようになりました。相槌ひとつにも気をつけて、補足が必要なら質問をし、でも決しておふたりの世界観を壊さないように。理想は三人で普段通りに話している空気ですが、まずは邪魔にならないことを目指していました。

そして、話を振られたら、遠慮せず自分の意見を言うことも大事です。ただ、おふたりの話が面白すぎて、ずっと笑っているだけのこともありましたし、盛り上がれば盛り上がるほど、自分のせいでこの空気を壊してしまったらどうしようと怖くなり、しゃべれなくなることも。きっとタイミングを間違ったこともたくさんあったと思いますが、ブラマヨさんの隣にいられるありがたみを感じていました。

おふたりが信頼し合っているのは、収録以外のところでもよくわかりました。それぞれアプローチの仕方は違うけれど、この番組に対しての気持ちは同じだったと思います。小杉さんはスタッフとたくさんコミュニケーションを取って場をなごませてくれます。収録の空き時間も、スタッフのいるテーブルで一緒にカップラーメンやお菓子を食べながら、あれこれ雑談したり近況報告をしたり。わたしは、いつも小杉さんの近くに座らせてもらい、みんなで談笑する、この時間が大好きでした。

吉田さんは、一見怖い雰囲気のように思えるのですが、とてもあたたかくて優しい方。

スタッフの送別会で一番熱いスピーチをされるのは吉田さんで、「〇〇さんのおかげで、俺たちはここにいると思っているから、本気で感謝しています！」というようなことをまっすぐその人の目を見ながら話すんです。言われた本人もわたしたちも熱い言葉が胸に響き、号泣。普段、みんなでワイワイ話すタイプではない吉田さんが、実はどんなに情熱をもって仕事をしているかが伝わってきました。

一度、イベント紹介の短いコーナーで、「ちなみに、おふたりは〇〇なことありますか？」とエピソードを聞く場面がありました。まず小杉さんが話して、吉田さんもそこに付随して話されて盛り上がったので、時間も限られていたことからわたしのとっさの判断で、吉田さんには改めてエピソードを聞かずにコーナーを締めました。終わった瞬間に「もしかしたら、判断を間違ったかもしれない……」と思い、すぐに「すみません！」と謝ると、「いや、そうしてほしかったから。ありがとう」と。それを聞いて、体から力が抜け、涙が出そうになりました。怖かったし、嬉しかったし……。

芸人さんが一瞬一瞬をどれほど大切にされているかは、仕事を重ねていくうちに感じてきていました。その瞬間でしか生まれない笑いがあって、だからこそ、私たちアナウンサーが、自分の仕事だけしか考えていないことで、それを潰してしまうのは許されないのです。「空気を感じること」はバラエティにおいて、とても難しいけれど、一番大事なことだと思っています。

実は、『ミヤネ屋』の司会になると同時に、そのとき担当していた番組はすべて降りなければいけませんでした。でも、どうしても納得できなくて、当時のアナウンス部長にお願いし、『マヨブラジオ』は残してもらったほど思い入れがありました。

その後、『ハテナの缶詰』というタイトルで新番組がスタートし、こちらもわたしたち三人で。思えば、ブラマヨさんにはかなり長くお世話になりました。

今でも、街で「『マヨブラジオ』大好きでした」と言われます。関西のみなさんに愛された番組。アナウンサーとしても、番組をつくる一スタッフとしても成長させてもらった、大切な番組です。

芸人さんから学んだ多くのこと

大阪の局ということもあって芸人さんが出る番組が多く、一年目から大御所の方々とお仕事をすることもあります。この間まで学生だったわたしが、最初からそのような方とうまく接することができるはずもなく、何度も大きな失敗をしました。

『ほんわかテレビ』では、芸人さんたちがちゃぶ台を囲んで映画について語るというコーナーを、後輩の女性アナウンサーとふたりで担当したことがありました。

メンバーは、笑福亭仁鶴師匠、間寛平さん、笑福亭笑瓶さん、ほんこんさん、島崎和歌子さん、中川家のおふたり。そんな皆さんに興味を持ってもらうため、通常の映画紹介に加えて、少し違った角度の話題を持っていきます。といっても、全員口々にコメントされますし、独自の目線での突然の質問もどこから飛んでくるかわかりません。わたしも後輩もまったく対応できず、フリーズしてしまうばかり。何かを返すわけでもなく、

「はい……」「そうですね……」

映画についても勉強不足だったし、お互いに遠慮し合っていたことも災いして、ふたりして笑ってごまかすことしかできませんでした。

終わってから、スタッフに「今録ったもの、一度見てみようか」と言われ、最初からチェックしてみて、愕然としました。

「みなさんがこれだけやってくれているのに、お前らふたりがつぶしているんだぞ」というスタッフの言葉が今も胸に突き刺さっています。

わたしは、「みなさんベテランだから、自分の言いたいことを勝手にお話しされるし、こちらが説明していても突っ込んでこられるから大変」と思ってしまっていたのですが、実際はまったく違いました。『ほんわかテレビ』らしい、他とは違う映画コーナーにしよう」と、わたしたちをうまく巻き込もうとしてくださっていたんです。全員がプロの仕事をされてい

るのに、それにまったく対応できていないアナウンサーふたりが台無しにしてしまっていたのでした。この日はさすがにダメージが大きく、情けなくて落ち込みました。同じ収録は二度とないので、取り返しがつきません。

なるみさんと陣内智則さん司会の『なるトモ！』という朝の情報番組も担当していましたが、こちらも芸能リポーターの方とアナウンサー以外は全員が芸人さん。よく、「東京の番組にくらべて、大阪の番組の台本はペラペラ」といいますが、本当にそうなんです。この番組も、出演者のやりとりはまったく台本なし。その場の空気がいかに大切なのかを教わりました。

こういった番組から学んだのは、背伸びをしないこと。

長年、芸を磨いてきた芸人さんの前で、同じように面白いことを言わなきゃ、なんて考えるのはとんでもないこと。カッコつけたりきれいにまとめようとするのも、余計にダメになるばかり。素直に等身大で一生懸命ぶつかれば、芸人さんたちは必ず受け止めてくれると気がつきました。

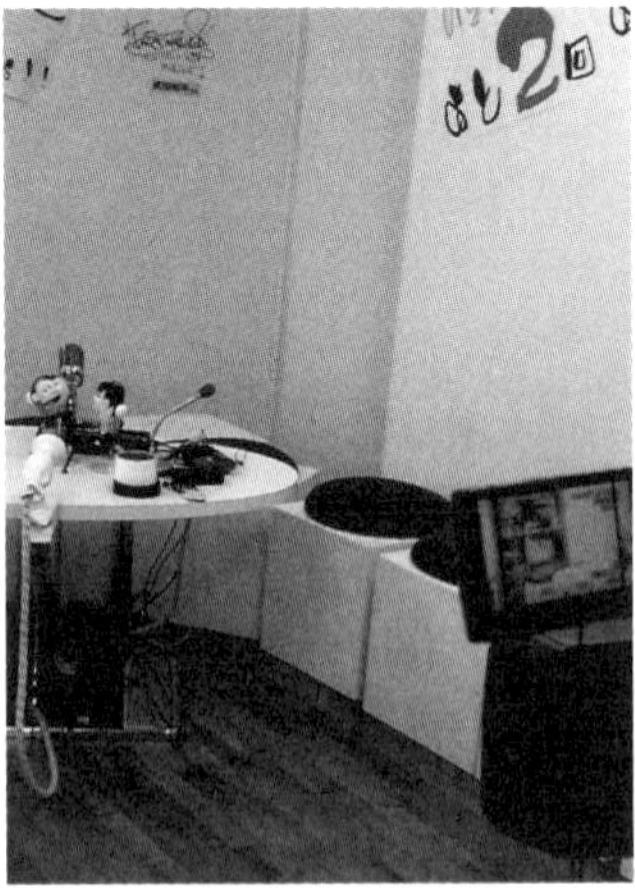

〈第六章〉『ミヤネ屋』と、わたし

予想外の番組へ

「ミヤネ屋の司会の森若佐紀子アナウンサーが産休に入るから、そのあとを川田にお願いしたい」

アナウンス部長からそう言われたのは、二〇一一年の初め、六年目を迎える少し前でした。青天の霹靂。みじんも予想していなかった言葉でした。

例外もあるかもしれませんが、局アナは自分で番組を選ぶことができません。部長との面談で多少の希望を言うことはありますが、基本的には部長と番組側が話して人事を決めるのです。

わたしは『ミヤネ屋』を希望したことは一度もなく、そのとき抱えている仕事で精一杯。新人時代、『ミヤネ屋』のスタジオを担当したこともありましたが、出演は一週間に一度で、まだそのときの放送エリアは関西だけ。全国ネットのお昼二時間生放送なんて、まったく自分には遠いものだと思っていました。

「本当にわたしなんですか？」

「もう番組とも話はできているし、頑張ってほしいと思ってる」

番組の担当変更を告げられるときはたいてい驚きますが、これはさすがに信じられませんでした。ですが、会社として、この人事はもう決まっていたのです。


しかも、前にも書いたように、担当している他の番組からは抜けて『ミヤネ屋』に、という話。『ミヤネ屋』の司会ができるなんて、どれほど大きなことなのかわかっていましたが、当時は担当していた番組すべてに思い入れがあって、まったく嬉しいとは思えませんでした。「これはわたしじゃないとダメなんでしょうか」と聞いてしまったほどです。信じられないほど生意気ですが、本気でそう思っていました。

かけ合った結果、二〇一一年の四月からは『ミヤネ屋』と『マヨブラジオ』、番組の立ち上げから参加していた『朝生ワイド　す・またん！&ZIP！』という、朝五時からの情報番組を引き続き担当することになりました。

最初は驚きのほうが大きくて実感がありませんでしたが、日が経つにつれてどんどん湧き上がってくるのは不安ばかり。読売テレビとしても、日本テレビ系列としても大切な番組がわたしに務まるのだろうか……。

そうはいっても、スタートの四月まで、もうあまり時間がありません。

まずは森若アナウンサーに二週間べったり張りつかせてもらいました。本番中はもちろんのこと、朝からどういうサイクルで動いているのか、どんな準備をしているのか、食事を摂るタイミングまで、できる限り細かく知るためです。

本番中はスタジオの隅で見ながら動きをメモし、家に帰ったら録画を見返します。情報を入れるタイミングだったり、宮根さんの動きだったり、頭の中でシミュレーションすればするほど「とんでもない大役を仰せつかってしまった」という実感がわき、だんだん怖くなってきました。

宮根さんからもらった最初のアドバイス

二〇一一年の春、ニュース番組は三月に起きた東日本大震災のことが多くを占めていました。初めての日も、番組のほとんどが震災関連でした。

初回の生放送は緊張であっという間に終わり、自分ではどうだったのかまったくわかりません。本番後すぐにプロデューサーに呼ばれ、指摘を受けました。

「いろいろあるけど、まずはもう少し落ち着いてていいねいに。それから、不安だからか、余計なコメントも多かった」

すぐに録画を見直すと確かにその通りでした。

生放送には慣れていると思っていたのに、時間のカウントが気になって自分の説明を早く終わらせようと急いでしまっています。そして、間が空くと不安になり、宮根さんが締めのコメントを言っているのに、そこに自分のコメントを重ねたりしていました。これは大問題なので、すぐに修正しなければ、と肝に銘じました。

なにしろ、失敗しても失敗しても、次の日にはまた放送があります。反省して、またそれを直す。この繰り返しです。直すところだらけで頭がこんがらがりましたが、早く番組の役に立てるように、スタッフに話を聞いて対策を練っていました。

宮根さんにようやく意見を聞けたのは、五月ごろ。わたしがマルチ画面の説明をしたり、フリップを出したりすることも増えてきていました。

宮根さんから注意されたり怒られることは一度もありませんでしたが、言いたいことは山ほどあるはず。アナウンサーの大先輩である宮根さんに改まって聞きにいくのは勇気がいりましたが、単刀直入に伺いました。

「どこを直していけばいいでしょうか」

するの宮根さんは、

「基本的には問題ないよ。強いて言うなら、語尾かなぁ」

まったく予想していなかった答えでした。

「語尾ですか？」

「そう、川田ちゃんは語尾が流れやすい」

例えば、「今年は〇〇で、来年は△△になるんですね〜」と語尾が流れているということです。

「川田ちゃんは情報を整理する役割だから、最後はきちっとキレよく止めて話すといいよ。そうやってこっちに渡してくれたら、今度は僕がコメンテーターに向かって『これって〇〇ですよね〜』ってやわらかい語尾でパスを回せるから」

本番の宮根さんを見ていて、センスと感覚がずば抜けているから、スムーズに司会をされているのだと思っていました。語尾のことまで考えていらっしゃったとは……。視聴者の耳に届くメリハリも大事だし、役割によってそれぞれがふさわしい話し方をしなくてはいけないんだ、と気づきました。

それまでわたしが担当していたのは、情報番組だったりバラエティがほとんどですから、語尾が流れていても注意されることはありませんでした。むしろ、やわらかいイメージで話したいと、無意識にそういう語尾にしていたと思います。

『ミヤネ屋』は、芸能ニュースを扱うことも多いですが、実は報道局が制作している報道番組。宮根さんは、難しいニュースのときは特にわかりやすく伝えることを大切にしていて、いろいろな方法を教えてくれました。大きなボードを使うことがよくあるのですが、宮根さんとわたしで担当箇所を分けて、ふたりで読み上げていきます。その理由は、ずっと片方の声だとメリハリがないからわかりにくいということでした。テレビを見ている人が全員、ジッと集中して見ているわけではないのです。家事をしながらだったり、誰かと話しながらかもしれません。だからこそ、自分が思っている以上に「わかりやすく伝える」ことを考えなければならないのです。

不規則な生活とプレッシャー

最初の数か月間は、早朝『す・またん！＆ZIP！』を週に二回、平日の午後はすべて『ミヤネ屋』、さらに、隔週で深夜まで『マヨブラジオ』の収録、それ以外にも広報番組の収録などがありました。また、それぞれに下調べの時間と振り返りも必要で、生活リズムは乱れました。

『す・またん！＆ZIP！』がある日は、朝二時半に起きて出社。毎日だったら生活リズムをつくりやすいのかもしれませんが、なかなか前日早く寝られないので体力的にキツいものがありました。朝の放送が終わったら、一時間ほど仮眠して、『ミヤネ屋』の準備へ。放送が終わってからも、ナレーション録りや事務作業をする日もありました。当時は、睡眠不足と生活リズムの乱れで片頭痛がおさまりませんでした。

イヤなことも一晩寝たらだいたい忘れるわたしですが、『ミヤネ屋』の司会を務めた四年間は、ギリギリの状態の日もありました。本番前にトイレに行ったら、スタジオに行かなくちゃいけないのに体がいうことをきかないのです。ずっと洗面台のところで深呼吸を繰り返していました。これは、番組が始まった当初というよりは、仕事を覚えたからこそ感じるプレッシャーに悩まされるようになってから、三年目くらいまで続きました。友人からアロマオイルがいいと聞いたので、そういったときは持ち歩いて本番前に嗅ぎ、気持ちを落ち着かせていました。

テレビの仕事をしている人は、何百万、何千万の人に見られているわけですから、少なからず緊張感やプレッシャーとたたかっていると思います。宮根さんも、大変な時期があったとおっしゃっていました。毎日カメラの前に平然と立っているわけではないのです。わたしの場合は、緊張感に加えて、「今日は大丈夫かな」という不安感がありました。そして、この不安感を減らしていくには、「不安にならないくらいの準備をするしかない」ということなのです。

宮根さんは昼十二時ごろ読売テレビに着くのですが、いつもその時点で、ありとあらゆるニュースのトピックスが頭に入っている状態でした。当時、宮根さんの毎日のスケジュールを聞いてみると、早朝四時頃に目が覚めて、新聞が届くのを待ち、届いたらじっくり読みこんで、さらに各局のニュース番組と情報番組を見ているとのこと。だからこそ、打ち合わせは短時間で終えられるし、「今日は天気が荒れそうだから、最初は天気のニュースから入ったほうがいいと思う」といった感じで、構成が頭の中でできていることが多かったです。

わたしは、放送直前まで資料を読んだり打ち合わせをしていて、ギリギリの時間に小走りでスタジオに入る毎日。宮根さんが放送直前に焦っているところは一度も見たことがなかったので、「さすが、宮根さんともなると余裕ができるんだなぁ」と思っていましたが、実際は見えないところで可能な限り万全な準備をされているからだったのです。

わたしは準備が足りないから不安になるんだ、と気づいてからは、これまでの時間配分を根本的に見直しました。

本番前、宮根さんと一緒の打ち合わせは基本的には昼十二時から。それは五分ほどの項目確認で終わるので、その後、本番までの二時間は個別にそれぞれの項目担当のスタッフと打ち合わせをします。なにせ、『ミヤネ屋』は事件・事故、気象情報、芸能、スポーツなど、扱うニュースは世の中のことすべてなので、その二時間に調べものをするのでは間に合いません。できるだけの事前準備を、と考えていくと、八時に出社して一般紙とスポーツ新聞に目を通し、九時からスタッフだけの立ち合いに参加するというのが、なんとなくルーティンになりました。

立ち合いというのは、チーフプロデューサーや総合演出、曜日担当のチーフディレクターらが集まって、その日の予定項目を確認するもの。そこに出席できると、どんなニュースを放送する予定なのか、そして時間配分もわかるので、そのあとの準備が効率よくできます。

また、わたしのデスクは当然アナウンス部にしかありませんでしたが、『ミヤネ屋』のフロアにもデスクを置かせてもらえるように頼みました。生放送の番組ですから、大きなニュースが飛び込んでくるたびに、番組の構成が変わります。そういったときも、スタッフと同じ場所で準備をしていれば刻々と事態が変わっていく様子もわかるので、放送直前に「初めて聞いた！」と慌てることもありません。特に緊急事態のときは、スタッフはVTRやフリップの準備に大忙しで、わたしへの説明に時間を割けないので、そっと邪魔をしないようにスタッフの近くにいって様子を盗み見て、自分に必要なことを予想し、準備することができました。徐々に、自分に合った方法を考え、そのために必要なことは番組にお願いして変えてもらったり、受け身ではなく自分から動くようになりました。

本番が終わると、午後四時。次の日の予定項目の確認があってから、宮根さんは喫煙室でスタッフと談笑。わたしも、それを眺めていると出まくっていたアドレナリンがすっと収まって、「今日も無事に終えられてよかった」と、落ち着く瞬間でした。

宮根さんに信頼されたい

『ミヤネ屋』に参加する以上、宮根さんとはしっかりした関係を築きたいと思うのは当然のこと。

ところが、話しかければ返事はしてくれるものの、宮根さんから話しかけられることは、番組で必要なとき以外ありません。怖い人というわけではなく、むしろ、しょっちゅうスタッフを飲みに連れていったり、誕生日には必ずプレゼントを用意してくれたり、とても優しい方。ただ、なかなか目を合わせて話すことができず、距離が縮まらないのです。

実は宮根さんは、ご自身でも認めるほど極度の人見知りで、とてもシャイな方だったのです。「嫌われているのかな」と思ったりして、よく夢に出てきていたのですが、ほかの共演者の方に聞いてみると「わたしも最初はそう思ったよ」と口をそろえて言います。

でも、やはり早く距離を縮めたいので、昼十二時の打ち合わせが終わって、楽屋に戻らずロビーの長机でスポーツ新聞を読みながらお昼ごはんを食べる宮根さんの隣りで一緒に食べさせてもらうことにしました。そうすると、少しずつ自然に会話は増えますし、特に話さなくても同じ空間にいることが心地よくなっていきました。

一度心を開いてくださったら本当に優しい方なので、番組終わりでいろいろなところに連れていってもらったり、おうちに呼んでくださったり。宮根さんの親戚の方とも仲よくなって、島根のご実家付近まで妹とふたりで遊びにいったこともありました。

距離が縮まったことで、番組進行も以前よりとてもスムーズに進むようになりました。しっかり宮根さんの目の動きを見ていると、考えていることがなんとなくわかるようになってきたのです。例えば、進行上ではAのフリップ説明の予定だけれど、今の話の流れだとBのフリップを出してほしいと思っているな、というのが、アイコンタクトで気づくようになりました。

生放送ですから、判断は一瞬。最初は、わたしが遅れたり、勘違いをした動きをしてしまって、宮根さんに毎日迷惑をかけていました。そういったことが少なくなるように、神経を研ぎ澄ませて本番に臨んでいました。

ずっと、自分が失敗しないことや、上手くやることばかり考えてしまっていたけれど、番組の舵を握っているのは宮根さん。その動きをまったく見られていなかったことに深く深く反省しました。

このあんこの食べ方おかしいの⁉

甘いものが好きというのは、スタッフにも知られていましたが、ゆであずきを缶ごと食べていることはまだ誰にも話したことはありませんでした。

いつものように宮根さんとお昼ごはんを食べながら、前日の晩ごはんもご一緒していたので「昨日はごちそうさまでした。焼肉美味しかったですね」なんていう話をしていたときです。

「わたし、デザートも食べたのに、あのあと、家であんこも食べちゃいました」

「えっ、あれからまた食べたん？　しかも、あんこってどういうこと？」

「あ、わたし、あんこが好きなので家に缶詰を常備しているんですよ。缶を開ければそのまま食べられますから」

なにげない返事のつもりでしたが、「えっ!? なんや、そのおかしな食べ方。聞いたことないよ」と驚かれ、そこで初めて、みんなと違う食べ方をしているのだと知りました。「わたし、他の人よりあんこ愛が強いのかもしれない」と気づかせてくれたのは、宮根さんなんです。

その当時、家に帰ってあんこを食べるのは、わたしの一日の締めでした。井村屋だけでなく、香川『山清』のあんこなども常備していて、気分に合わせて選びます。特に、みんなで飲みに行って、深夜に帰ったときに食べるあんこは、最高に美味しかったです。

局にいる間も、緊張しているせいか脳が糖分を欲しがって、いつも甘いものが食べたくてしかたがありませんでした。『ミヤネ屋』の本番が終わるとアナウンス部のデスクに戻るのですが、海外や地方に出張したアナウンサーのお土産がソファテーブルの上にいつもあって、わたしはそこへ直行。

毎日それを楽しみにしているということは周りもわかってくれていたので、部長がアイスを買って冷凍庫に入れておいてくれたり、わたしがいない間に美味しい差し入れがあると、

「川田の分、取っておいてあげよう」とみんな気にしてくれていたそうです。

『ミヤネ屋』のデスクは報道フロアで、いつも、ニュースを知らせる音や、記者の大きな声が飛び交っています。一方、アナウンス部の雰囲気はやわらかくて静かで、落ち着いて過ごせる場所でした。新人のころは怒られるのが怖くて、アナウンス部に帰りたくないとまで思っていたのに。

恋愛より仕事がど真ん中

このころはプライベートで何をしていたのか、あまり思い出すことができません。たぶん、休みの日に遠くまで出かける元気もなかったし、平日もミヤネ屋スタッフと過ごす時間がほとんどだった気がします。

大学時代は恋愛も大切だったけれど、仕事を始めてからというもの、楽しいのも悩むのも仕事のことばかりで、恋愛によって生活に支障が出たり、バランスを崩すほどのめり込むことはありませんでした。

占いも好きなので、いろいろなところでみてもらったことがありますが、どこに行っても言われるのが「あなたの真ん中には仕事がある」「仕事に星が集中している」。「仕事」というワードは必ず出てきていました。仕方ないけど、納得ですね。

フルマラソンに初挑戦無謀な五時間切り

運動神経が悪いことは、いつの間にか宮根さんに知られていて、結構面白がられていました。それなのに、大阪マラソンに出ることになったのです。しかも、五時間を切るという無謀な目標を掲げて。

「初マラソンですし、運動部に入っていたこともないですから、せめて六時間にしてください」

「あかん！　これだけ運動神経が悪い川田ちゃんでも、五時間切れたっていうのがすごいんやから」と。

おかげで大変な目にあいました。最初は三キロも走れないのに、週に三日はマラソンの練習。その間にも宮根さんから「ちゃんと走ってるか〜？」と電話がかかってきます。

絶対にひとりでは無理でしたが、練習を続けられたのはミヤネ屋スタッフがマラソンチームをつくって、一緒に走ってくれたから。そのうち、全員、だんだん体力もついてきて、みんなで走るのが少し楽しくなってきました。五十歳を超えているスタッフも、最終的には二十キロくらい休憩なしで走れるようになっていました。

マラソン当日も、宮根さんからスタート直前に電話がかかってきて「調子はどう？　しっかり食べた？」。「朝はおにぎりを食べました」と言うと「もっと食べたほうがええで」と言われたので、最後に、大好きな大福を選んで食べたのを覚えています。

当日は五人のスタッフがカメラをリレーして、ずっと最後まで走りを撮ってくれました。コース途中には、「川田頑張れ」と書いたうちわをつくって応援してくれているスタッフも。ゴール地点には、マラソン担当ではないスタッフも集まって迎えてくれました。カメラに映らないのに、宮根さんも沿道で応援してくれていたと聞いて、感激しました。

十月なのにとても暑くて熱中症になってしまい、何度も吐きながら走ったツラいマラソンでしたが、タイムはなんとかギリギリ五時間切りの、四時間五十七分。スタッフが支えてくれなかったら、絶対に諦めていました。決してわたしひとりで達成できたものではない、と思っています。

フリーアナウンサーへの道きっかけは宮根さん

素敵な仲間に囲まれて、努力の末に信頼し合えて。とてもいい環境なのに、「なんで会社を辞めたの?」とよく聞かれます。やっぱりそれは、『ミヤネ屋』と宮根さんに大きな影響を受けたからでした。

宮根さんと毎日あれこれ話していると、ふと感じることがありました。いつも「次はこれをやってみたい」と、新しいことを目をキラキラさせて話すんです。『ミヤネ屋』の今後や、この先つくってみたい番組、そして、もっと先の夢。目標時間を設定して東京マラソンに挑戦したのも、「腹筋を鍛えてシックスパックをつくりたい」と肉体改造を始めたのも、宮根さん発信です。このときは、周りが心配になるほどストイックに鍛えて、五十一歳で見事なシックスパックにし、EXILEのメンバーと雑誌の表紙をかざりました。

そんな宮根さんのそばにいると、「わたしはどうなんだろう?」と考えるようになります。『ミヤネ屋』に全力を注ぐことに精一杯で、次の目標を考えていませんでした。

わたしがまだ挑戦できていないこと、やりたいことってなんだろうと考え、浮かんできた中のひとつに「ラジオ」がありました。読売テレビはラジオ局を持っていないので、あまり現実的ではありません。

いろいろなことを自宅のお風呂でぼんやりと考えていたときに、

「あ、会社を出るという選択肢もあるんだ」

と、フッと思ったのです。

読売テレビの女性アナウンサーは、それまで「結婚での退社」以外の理由で局を辞めた方はいません。フリーで仕事をするために東京へ行ったというのは、例がありませんでした。

そんな環境だったので、「いや〜、やっぱり無理だ」とすぐに打ち消しました。

でも、一度芽生えてしまったものは、なかなか頭の片隅から消えません。実際に辞めることになる一年半ほど前、宮根さんにちょっと話してみました。

「こんなことを考えたりもするんですよね、ふんわりとですが」

そのときは、

「もう少し『ミヤネ屋』を頑張ろうよ」

と、反対ということではありませんでしたが、賛成でもありませんでした。

不安と迷い、わたしの気持ちが固まっていないのが、お見通しだったんだと思います。

それから一年。結局ずっと頭の中にはそのことがあって、気持ちがなくなることはありませんでした。それ以上に強くなっていき、改めて宮根さんに相談しました。すると、

「一年間考えてそうしたいと思うほど気持ちが固まっているなら、応援する。なんでも相談して。ただ、ほんまに大変なことやで」

という言葉をいただきました。

宮根さんも、大阪の朝日放送を退社してフリーになっています。関西で知らない人がいないほどの人気アナウンサーで、フリーとして朝日放送の番組を続けていたものの、単発番組のオファーは思ったより少なく、「俺、もうちょっと人気あったはずやのに……」と、事務所の電話が鳴るのを待っていた時間もあったそうです。

そういった体験も話してくれて、「それでも大丈夫なのか。覚悟できているのか」と考えさせてくれました。

宮根さんからの忘れられない言葉があります。退社する少し前、毎日顔をあわせているのに、わざわざメールを送ってくださったんです。

「これから行こうとしているのは本当に厳しい世界。強烈な情熱を持っていないといけないよ」

真剣に相談したことに、真剣に応えてくれる宮根さんの優しさ。「強烈な情熱」という言葉が、宮根さんの経験したことを物語っていました。わたしにもすべてを伝えようとしてくれるのがとても嬉しかったです。

退社まで、本当にどんな相談にも快くのってくださる宮根さん。「読売テレビへの感謝を忘れないこと。辞めても応援される存在でないと」というアドバイスをいただきました。

そこで、「ここまでお世話になった会社だから、絶対に筋を通して、感謝の気持ちを伝えよう」と決め、まずは、アナウンス部長に話しました。

アナウンス部長は、わたしが辞めたら『ミヤネ屋』の後任を探さなくてはいけないし、それは、他の番組にも影響します。

部長には、宮根さんと同じように、気持ちが固まる前に一度お話をしたことがありました。部長は定期的に部員ひとりひとりとお茶を飲みながら面談をしていて、相談や報告をしやすい環境にしてくれていたのです。そのときはやっぱり「そうかぁ」という感じで優しく聞いてくれていて、二回目に話したときも宮根さんと同じ。「決めたんだったら、応援する」と、言ってくださったのです。

「川田が抜けるのはすごく寂しいし、本当はずっといてほしいけどね。でも、川田の人生なんだから」

　アナウンス部が所属している編成局の局長に話したときは、ありがたいことに引き止めていただきました。何度も話し合って、最終的には「頑張れ！　やりたいことをやれる人生、羨ましいなぁ！」とまで言っていただき、今もとても応援してくれています。

　いちばん緊張したのは、森さんに話すときでした。

　アナウンサーとしてゼロ以下だったわたしを苦労して育ててくださった森さん。「まだまだ一人前でもないのに、辞めてしまうのか」と怒られても言い返せる立場ではありません。「裏切り者って言われるかもしれないと思ってました」

　と言うと、

「そんなこと言うわけないやろ。次にやりたいことがあって辞めるのは、前向きな辞め方。それだったら、俺はいいと思う」

　と言ってもらえて、感謝の気持ちが言葉になりませんでした。

　その後、お世話になった方々に報告していきましたが、みなさん、「応援するから、頑張れ」と背中を押してくれました。いかに恵まれた環境にいたかを改めて感じ、それと同時に「ここまで育ててくれた方々に喜んでもらえるような仕事がしたい」と、また覚悟がひとつできました。

事務所探しは筋を通してから

三月末での退社を決め、通常だと局には三か月前までに報告することになっていたので、年末年始には人事、役員、社長に伝えました。

事務所からのスカウトがあったわけでも、次の仕事のオファーがあったわけでもありません。ですが、辞める前にこちらから働きかけて次の準備をしていくということは、お世話になった読売テレビに対しての気持ちが伝わらないと思ったので、まずは筋を通すことにしました。

多くの方に「え？　何も決まってないのに辞めるの？」「かなり無茶なことするね」と心配

されましたが、読売テレビへの感謝と退社する覚悟をわかってもらってからでないと、次のことを考える気になれなかったのです。小さいころから、変に不器用なところは変わりません。

会社に退社の意思を伝え、「さぁ、事務所を探さなくては」というところで、急に不安がおそってきました。どんな事務所があるのかも、所属する方法も、よく知らないのです。

信頼している東京のプロデューサーの方に相談したところ、「アナウンサーとしての仕事を軸にして、ラジオなど幅広く仕事がしたいのならセント・フォースがいいかもしれないね」と言われ、顔合わせをさせてもらえることになりました。もう退社が差し迫った二月のことでした。

「来月末に退社します。ちなみに次の仕事は何も決まっていません」というと、「え！　本当に辞めるの？　今日も『ミヤネ屋』出てたよね？」と相当驚かれました。ですが、本気度がわかってもらえたのか、無事に所属できることになりました。

『ミヤネ屋』は二月の終わりに卒業したので、三月は有休消化にあてててゆっくり旅行でも行こうかと考えていました。ですが、嬉しいことに四月に放送される番組の収録がいくつか入ったのと、引っ越し先も決まっていなかったので、東京と大阪を行き来するうちにあっという間に過ぎていきました。

家族が反対したら退社はしなかった

今回の決断は、わたしの人生において大きいことだったので、家族に話すのはかなり躊躇しました。長かった反抗期を終えてからは父とよくふたりで飲みにいくようになっていたので、まずは父から話すことに。

いつも一緒に行っていた、通天閣の近くの新世界にあるお寿司屋さんのカウンター。

「わたし、会社を辞めようかと思ってて」

と、さりげなく切り出しました。

父は少しの間、無言。

　まさかそんなことを言うとは想像もしていなかったようです。でも、さすがいつも穏やかな父です。

「そうかぁ」

「反対しないの？」

　と聞くと、

「もう決めてるんやろ。お父さんは、裕美が楽しそうに仕事できてたら、それでいいねん」

　と言ってくれました。

「ありがとう。お母さんは悲しむかな」

「東京に行くのは寂しがるかもしれへんけど……大丈夫や」――

　母にも話すと、父の言う通りで、まずはわたしの環境が変わることを心配していました。

「毎日『ミヤネ屋』に出ていたのが、パタッとテレビに出なくなるよ。そうしたら、近所の人になんて言われるかわからんけど、大丈夫？」

「別に、近所の人に何を言われても気にならへんよ。もしうまくいかんかったら、帰っておいで」

両親にそう言ってもらえて、すべての心配が吹き飛びました。

本当は、家族が反対するなら、読売テレビに残るつもりでした。学生時代は心配ばかりかけてしまったから、この先の人生は、時間をかけて親孝行したいと思っています。

今、誰のために仕事をしたいのか、誰を喜ばせたいのか考えたときに、家族が真っ先に出てきます。「家族が喜ばないことはしたくない」というのが、自分の軸となっています。

五歳下の妹は、しっかり者。普段から「この前の番組はよかったね」「ああいうの合ってると思う」と意見をズバズバ言ってくれる頼もしい存在です。

妹に「仕事がないかもしれない」とこぼすと、「そりゃ、最初は今ほどなくて当たり前やん。でも、ゼロってことはないよ、大丈夫」と言ってくれて、どんなに心強かったことか。

祖母が悲しむのはわかっていたので、なかなか言いづらくて、「東京には住むけど、いままで以上に実家に帰ってくるから」と、安心してもらえるように話しました。

「またテレビで見てもらえるように頑張るからね」と。

祖母は高齢なのに、自分のことよりも、

「ほんまに身体だけは気をつけて」

といつもわたしの心配をしてくれます。

そして、

「東京やと、何かあったときにすぐ飛んでいかれへんなぁ……」

と、ポツリ。

「東京の事務所の人も友だちも近くにいるから大丈夫。困ったらすぐに電話するからね」と言ったけれど、このときばかりはさすがに寂しかったです。

わたしの人生は、家族がどんなときも応援してくれて、見守ってくれている安心感の中、進むことができています。この大きな一歩を踏み出すときも、同じでした。

ミヤネ屋
第2000回

OSAKA MARATHON
まであと27日

〈第七章〉東京のあんこと、わたし

フリーアナウンサーとしてのスタート

フリーになって初めての仕事は、日本テレビの『ぐるぐるナインティナイン』でした。最初は、読売テレビと系列が同じ日本テレビの番組が多くて、『しゃべくり007』『嵐にしやがれ』『踊る！さんま御殿!!』。スタジオにさんまさんが登場すると、「うわ！　さんまさんだ！　テレビで見ていたさんま御殿！」と、一瞬仕事を忘れてしまうお上りさん状態にもなりました。

局アナ時代は〝楽屋挨拶〟という習慣がありませんでした。勝手がよくわからず、最初は共演者全員の楽屋にうかがっていました。「コンコン」とノックをして「川田裕美です、よろしくお願いします！」。その後どうすればいいのかわからず、相手のお返事を待たずにすぐドアを閉めてしまうようなひどい挨拶だったと思います。本番前の準備でみなさん忙しいこともあって、楽屋挨拶を遠慮することが増えましたが、当初は挨拶ひとつでも戸惑っていました。

笑福亭鶴瓶さんは、ご挨拶にうかがったら、「おお、関西から来たんやってな。どうやこっちは。慣れたか？」と関西弁で話してくださったり、所ジョージさんは、ご挨拶に行くたびにロゴ入りのオリジナルグッズをくださったりして、大御所の方々の心遣いに、感激することもありました。

楽屋から雄たけび？東野幸治さんとのお仕事

初めての東京でのレギュラーは、『1周回って知らない話』。

司会は東野幸治さん。「しっかり東野さんのサポートをするぞ」と意気込んでいました。ところが、ふたを開けてみると、東野さんに〝サポート〟なんておこがましかったとすぐに気づきます。ずっと第一線を走り続ける東野さんは、全部ひとりでできてしまう方。ゲストに対して聞くべきことはすべて頭に入っていて、それに加えて、笑いながらあんなにズバズバいけるのは、たまに恐ろしくなるほどです。

だから、準備しているVTRやデータはわたしが把握しておきますが、あとは東野さんが自由にできるように場を整えようと心がけています。体の向きや言葉の切れ目のサインを逃さないように気をつけてはいますが、本当にスピードも速く、ついていくのに必死。こういったコンタクトは言葉のやりとりではないので、やっぱり間違えてしまうことも。そんなときは、心の中で「すみません……」と謝っています。

VTRを見ているとき、東野さんは隣で変なことを言って笑わせてきたり、大きな声で言えないようなことを言いながら、家にいるように楽しんでいます。めちゃくちゃ面白いのですが、笑いすぎてVTRが頭に入ってこないので、できれば控えてほしいとずっと思っています。

また、番組がスタートするときに一緒に雑誌などの取材を受ける機会が多かったのですが、そのときも、東野さんはめちゃくちゃです。

「川田さんはね、元は大阪の南のほうから出てきて泥臭〜く頑張っているんですよ。今朝も、川田さんの楽屋の前を通ったら『やったるでー！』って雄たけびが聞こえてきましたから」

もちろん、わたしはそんなことは言っていませんが、いつもこうしてみんなを笑わせてくれて、わたしのことも注目してもらえるように話してくださるんです。嬉しいやら、恥ずかしいやら……。

東野さんは、一切怒ることもありません。

あるとき、フロアディレクターがカンペのタイミングを何度か間違ってしまうことがありました。わたしは手元に台本を持っているから流れを把握しながら進められますが、東野さんは何も持っていないので、進行が滞ると東野さんのミスとして映ります。「ああいうときは怒ったりしないんですか?」と聞いてみると、「いやぁ、もう怒ることなんてなくなったよ。だって、誰かのせいにしてもしゃあないでしょ」と笑っていました。

東野さんとは、局アナ時代にゲストとして出た『行列のできる法律相談所』でご一緒したときに、隣に座ったことがあります。わたしが局アナという立場から遠慮をしてしまい、なかなか話せずにいると「今や!」というタイミングで体を押し出してくれたこともありました。同じようなエピソードをいろいろなところで耳にします。

空き時間もずっと話してくださるし、誰にでも優しくて、相手のことをよく気にかけているイメージの東野さん。あまり書くと怒られそうなのでこれくらいにしておきますが、あの東野さんの大きな声で話しかけてもらうと、とても元気になれるんです。

信頼される番組を作りたい加藤浩次さんの覚悟

TBSテレビ『この差って何ですか?』では、極楽とんぼの加藤浩次さんとご一緒させてもらっています。加藤さんは、『スッキリ』を見ていて、勝手に「自分にも他人にも厳しいストイックな方」というイメージを持っていました。知識が豊富で、自分ですべて把握されているのかな、と。さらに、憧れの先輩である赤江珠緒さんの後任。『ミヤネ屋』のときと同じように、完成された人気番組にひとりだけあとから入っていくのは、プレッシャーが大きいものです。

加藤さんは、この番組に関しては、クイズの答えを知らないのはもちろんのこと、進行の流れも、ほとんど把握せずに臨まれています。例えば、「今回は○○がテーマです」「こういう疑問があるので、その差を調べています」というようなことくらいしか、番組側からは伝えません。

ですから、わたしが細かく把握しておかなければならないので、本番で出てきそうな質問をいろいろ想定して、打ち合わせの段階で詰めておきます。

加藤さんは気になったことがあると、スタジオにいる専門家の方に、納得できるまでとことん質問をぶつけます。そのやりとりが大事なときは、たとえ進行と少しずれても、スタジオの空気を優先させて進められるようリカバリーするのが、わたしとスタッフの役目です。

そうするのも、加藤さんは「この番組は信頼される番組でなくちゃいけない」と、常々言っていて、

「一度でも『この番組って、この程度のことをやるんだ』と思われたら、視聴者からの信頼をなくしてしまう。そうなってはいけない」

加藤さんの覚悟は並々ならぬものがあると感じましたし、それを番組全体で共有できているので、同じ方向に向かっていけるのです。

日本有数のMC陣は自分の仕事術を持っている

全国ネットの番組を持つ一流のMCの方は、日本に何人もいるわけではありません。才能と感性と努力があって、それぞれにご自身のやり方をお持ちです。

以前、TBSテレビの『好きか嫌いか言う時間』でご一緒させてもらっていた坂上忍さん。この番組はとにかく出演者が多く、坂上さんを中心に、ブラックマヨネーズ吉田さん、パネリストが数名、そして、テーマに合った出演者が50人ほどいるのです。坂上さんはこの人数を相手に番組を回すので、わたしが補足する情報も多くなり、台本、スタジオのカンペに加えて、ディレクターからの指示が届く「イヤモニ」というイヤホンの三段構え。

多い情報を頭で整理をするのがなかなか大変で、イヤモニからの指示がくるときはどうしてもそちらに気を取られてスタジオの声が聞こえなくなってしまいます。

一度、わたしが先に進めようとしたとき、坂上さんから「ちょっと待って!」と止められたことがありました。坂上さんは、事前に資料をしっかり読んで書き込みをしていて、流れがきちんと頭に入っている上で議論を深める部分を考えてらっしゃるのだと思います。それなのに、勝手なタイミングで切ってしまったのでは、止められて当然です。

その失敗があってからは、スタジオの話を聞き落とさないようにして、しっかり坂上さんを見るようにすると、アイコンタクトで次に進む合図をいただけるようになりました。現場の空気の大切さは、どんな番組でも同じです。

バナナマンさんがMCだったNHK『バナナ♪ゼロミュージック』は、おふたりにも、ゲストや視聴者と同じ感覚で楽しんでもらいたいという番組でした。ですので、進行するのも、ゲストに話を聞くのも、現場でナレーションを読むのもわたしの役割。これだけのことを任されるのはあまり経験がなく、不安もありましたが、いつも設楽さんがわたしにも話を振ってくださって、進行のためだけのアナウンサーにならないようにしてくれました。そして、日村さんが思いっ切り笑って盛り上げてくださったり、安心できる環境をつくってもらっていました。おふたりからは、スタジオにいる全員でのチームプレーであるということを学びました。

スポーツバラエティの特番でご一緒させてもらったナインティナインの岡村隆史さんは、また違いました。ご挨拶にいった時点で「川田さんに全部任せるんで、よろしくお願いします」と言われました。

台本を読んでみると、わたしの役割はいつもより多め。だけど、岡村さんがやりやすいようにしてもらうために、わたしの役割になっている部分も岡村さんに進めてもらったほうがよければそう変えようと思っていました。

ところが、岡村さんはそうしてほしいのではなかったようです。進行の流れや、時間配分はわたしが把握して進め、岡村さんはそのなかで自由にやりたいということなのかなと思いました。実際に番組収録はスムーズに進み、その上で岡村さんは自由に番組を盛り上げ、まったくわたしでは想像ができなかったようなスタジオ展開になりました。

準備も本番の進め方も、誰一人同じではありません。みなさんの仕事の仕方をできるだけ早く把握して、心地よく進められるように探りながら自分の仕事をする。

これはまだまだ険しく長い道のりで、収録一回一回が修業です。

「出てよかった」と言われるラジオ番組に

フリーになって、念願だったラジオ番組も持つことができました。

TOKYO FMの『Orico presents FIELD OF DREAMS』は、ゲストを迎えて、その方の人生のターニングポイントについてうかがっていくという番組です。

ゲストはミュージシャン、作家、俳優、映画監督、芸人さん、スポーツ選手……と、多岐にわたっていて、ゲストとわたしだけの空間でじっくりお話を聞くことができます。しかも、最近の活動だけではなく、子どもの頃のお話や家族との思い出なども聞けるのが魅力ですし、「人生のターニングポイント」について話すのですから、ゲストが長い時間をかけて気づいた大事なことを教えてもらえる、願ってもない番組です。

もちろん、ゲストにも、リスナーにも満足してもらえる内容にできるかはわたしの質問次第。ゲストが決まったら、その方の著書を読んだり、出演番組を見たり、できる限り準備して質問を考えておきます。でも、それだけにとらわれてしまうとゲストの新しい一面が引き出せないので、ここでも「スタジオの空気を第一に」と心がけています。

初めてのラジオのレギュラー番組だったので、ディレクターにしゃべり方についても相談しました。すると、
「川田さんは、バシバシと語尾を切っている感じがあるから、音だけで聞いていると、もうちょっとなめらかにしたほうが聞きやすいと思います」
宮根さんに指摘されたことの真逆でした。

そこで、いろんなＤＪの方の番組を改めて聞いてみると、たしかにやわらかい語り口調で、心地よい響きがあります。そして、ひとりひとりに話しかけているようで、テレビとはまた違った方法があるのだなと勉強になりました。

また、ゲストの中には、話すことに慣れていない方もいますし、皆さん、昔を思い出しながら話します。わたしが質問してから「う〜ん……」と間が空くのも当然のこと。テレビだとその間が長く感じ、何かしゃべって埋めたいと思ってしまいますが、しっかり待って、ゲストの話しやすいスピードに合わせるのが大事だとわかりました。

この番組で話すことによって初心に返れたり、自分が本当にやりたかったことを思い出すきっかけになったら嬉しいと思っています。

「最近なにかモヤモヤしていたんだけど、話しているうちに頭の整理ができたよ。ありがとう」と言ってもらったときは、スタッフと一緒に喜びました。「出てよかった」と思ってもらえるのが一番嬉しいことです。

ラジオといえば、東京に来てよかったと思える出会いがありました。ラジオＤＪの山本シュウさんです。ラジオＤＪと書きましたが、なんと紹介したらいいかわからないくらい活動の幅は広く、ＮＨＫでは障害者のための情報バラエティー『バリバラ』のＭＣを担当されています。

ＴＯＫＹＯ ＦＭ『Love in Action』という番組でご一緒することになり、その顔合わせで初めて会いました。シュウさんは関西でも長く番組を持っていたので、わたしは一方的に知っていて、とにかくパワーのある人という印象です。そんな大ベテランの方とうまくやっていけるかな……と恐る恐る、部屋の扉を開けると、

「おー！　会いたかったよ！」とガッチリ握手。圧倒された初対面でしたが、わたしがどんな風にやりたいか、何が不安なのかを親身に聞いてくれて、

「俺からこうしてほしいというのは、ただひとつ。好きなように、しゃべりたいようにしゃべって！」


後にわかってくるのですが、シュウさんはご自身で「おせっかいなオトコおばちゃん」と言っていて、とにかく「自分のことより、相手のこと」という方。全国の人の悩みを聞いて、人助けのため毎日飛び回っています。シュウさんは助けているという感覚ではないかもしれませんが。

「Ｗｅ ａｒｅ シンセキ」という、シュウさんの素敵な言葉があるのですが、わたしが悩んでいたら、親族のように親身になって、夜中でも早朝でも話を聞いてくれます。

シュウさんはよく「絶対に助けてくれる人が周りにいるから、ひとりで悩んだらあかん！」と言います。自分に自信がなくなることは誰でもありますが、そんなときはシュウさんの言葉を思い出し、遠慮なく家族、友人に連絡するようになりました。

「ピンチはチャンス」「一秒でもハッピーに」。

シュウさんからは、人生における道しるべをたくさんもらっています。

わたしのあんこ愛どこか変？

番組で自分自身のことを聞かれる機会が増え、そうなったことで、あんこ好きとして知られるようになりました。局アナ時代に、あんこの食べ方で宮根さんに驚かれましたが、まさか、こんなにいろいろなところであんこについて話すことになるとまでは思っていませんでした。

甘いものは、わたしの家族全員大好きなので、局アナ時代に妹と一緒に勉強して「スイーツコンシェルジュ」の資格をとったり、『ミヤネ屋』のホームページ動画で、スイーツを紹介するコーナーを毎週担当したりしていました。『行列のできる法律相談所』で自慢の手土産No.1を決める企画があり、京都『シェ・アガタ』の抹茶テリーヌを持っていってグランプリをとったことも。ただそのときに、別の方が持ってきていた『松島屋』の豆大福を、東野さんに促されて前に出て食べたそのスピードがあまりに速いと言われたり、わたしが自宅であんこを缶からそのまま食べていると紹介されて、「あれ、川田のあんこの食べ方はなんだかおかしそうだぞ」と思われたのかもしれません。

フリーになってすぐ出演した『メレンゲの気持ち』では、自宅での過ごし方を教えてほしいということでした。ですので、冷蔵庫にぎっしり入っているあんこや、あんこを卵焼きで巻くおすすめの食べ方をVTRで紹介。「甘いものが好きな方は、是非どうぞ」という気持ちで紹介したつもりだったんですが、ちょっと驚かれてしまいました。

東京での休日は「あんコース」

東京は和菓子屋さんが多く、行ってみたいお店がたくさんあったので、わたしの休日のあんこライフは充実していました。

例えば、豆大福。〝東京三大豆大福〟と呼ばれるものがあると聞いていて、早く食べたくてワクワクしていました。原宿『瑞穂』、護国寺『群林堂』、高輪『松島屋』です。

そして、〝東京三大どら焼き〟もあります。上野『うさぎや』、浅草『亀十』、東十条『草月』です。東京に来てすぐの休みにすべて食べましたが、どれも納得の美味しさでした。

他にも、阿佐ヶ谷にある和菓子処『とらや椿山』のあんこがどっさりかかった小倉ホットケーキや、新宿『追分だんご本舗』のあんこの串だんご。たい焼きだと麻布十番の『浪花家総本店』に恵比寿『ひいらぎ』ははずせません。行きたいお店がありすぎて、一日で何軒も回れるように「あんコース」をつくり、あんこめぐりをしていました。

例えば、『群林堂』は並ばないと買えなくて、午前中で売り切れることもあるので朝一で並び、日本橋『清寿軒』のどら焼きは朝と昼の焼き上がりだから、昼に合わせて行こう。予約してあるものは夕方取りに行けばいいな。そんなふうに、スケジュールを立ててあんこづくしの一日を楽しむのです。東京での休日は、このようにとても充実していました。

最近も変わらず、新しいあんことの出合いを楽しんでいます。

指原莉乃ちゃんとは、プライベートでもごはんに行ったりしていて仲よしなんですが、

「川田さん！　めっちゃ美味しいあんバターサンドがあるんで、食べに行きませんか？」と誘ってくれました。二子玉川にある『Let It Be Coffee』。まだわたしはチェックしていなかった、新しいお店です。大きなバターとどっさりあんこが気持ちを高ぶらせる、コッペパンサイズのあんバターサンド。バターの芳醇な風味が、ホクホクしたあんこを引き立ててくれています。ひと口ずつ、幸せな時間をゆっくり楽しんでいると……、さっしーはあっという間に完食。この速さにはわたしも驚きました。彼女もなかなかのあんこ好きですね。

番組の差し入れでもあんこに出合うことが多くて、これも楽しみのひとつです。石原軍団御用達の『サザエ食品』のおはぎは、東京に来てからすぐに食べることができました。『1周回って知らない話』に神田正輝さんがゲストとして出てくださったとき、出演者の楽屋に『サザエ食品』のおはぎの箱が積まれていて、感激。

ＤＪ　ＫＯＯさんはわたしのあんこ好きを知って、大福をたくさん持ってラジオにきてくださったり、バナナマンのおふたりには誕生日に五十本のようかんの詰め合わせをいただきました。

そして、なんとお笑い芸人のはなわさんは「あんこの歌」をつくってくださったんです！

ありがたいことに、いろいろな気持ちの詰まったあんこをいただいています。

こちらからもあんこを差し入れしたいのですが、わたしの場合、押しつけのようになってしまうんじゃないかと思ったりします。実際、あんこが苦手な方もいらっしゃるので、主張しすぎない程度の差し入れを選びます。例えば、広尾『船橋屋こよみ』の「あんやき」、最中の『空也』の菓子ブランド『ぎんざ空也 空いろ』の「あんこブラウニー」、『トラヤカフェ』では「あずきとカカオのフォンダン」。これらは、あんこが形を変えてお菓子になっているので、幅広く喜ばれます。〝あんこ好きもそうでない人も楽しめるもの〟というのがわたしの手土産ポイントです。

ゴロゴロすることが苦手 二日空いたら、旅へ！

休日は予定を立てずにゆっくり……ということはまずありません。まだまだ行ってみたいお店はたくさんあるし、二日以上空いたらひとりでも旅行に行きます。京都や奈良の旅館に泊まりにいったり、沖縄や韓国にも、思いたったらすぐに出かけます。もちろん、誰かと一緒に行きたいのはやまやまなんですが、予定を合わせるのが難しくて、結局ひとりで行くことに慣れてしまいました。

沖縄だったら、空港でレンタカーを借りてドライブ。もちろん、沖縄にしかないスイーツはしっかり食べにいきます。甘く煮た豆と白玉のかき氷の「沖縄ぜんざい」や、「ブルース」は大好き。もちもち食感のカステラのような生地にカスタードクリームが挟んである「ブルース」は、沖縄でしか食べられないご当地スイーツです。

旅行に行かないまでも、休みの日に一歩も家から出ず、どこにも行かないということはまずありません。本当はそういう日もつくってみたくて「明日は一日中パジャマでゴロゴロしてみよう」と計画することは何度もあるのですが、やっぱりムズムズしてきて、夕方には我慢できずに外に出かけています。仕事が午後からの日も、ちょっと歩いて外で朝ごはんを食べたり、ジムで汗をかいたりして、何かしら動いています。

最近の楽しみは山頂のコーヒーとあんパン

今、プライベートで夢中になっているのは登山です。元バドミントン選手の小椋久美子ちゃんと仲がよくて、「ゆっくり登るから大丈夫だよ」と誘われて、始めました。

オグちゃんには、以前フットサルにも誘ってもらったんですが、そのときは「本気というより、みんな楽しみながらやってるし、わたしも全然できないから」と言うので、その気になってユニフォームなどもそろえて参加しました。実際、みんなワイワイ楽しくやっているのですが、わたしはボールが回ってきても足に当てることすらできません。一方、オグちゃんはどんどんゴールを決めていて、「そうだ、オグちゃんは元オリンピック選手。そもそも運動神経が全然違ったんだった……」と気づきました。

それにくらべて、登山は、とにかく歩き続ける体力さえあればできます。最近は二千メートル級の山に挑戦したり、岩ばかりの崖を登ったりもしました。

途中のエネルギー補給は『井村屋』の「スポーツようかん」。かさばらないし、手も汚れないので、いつもバッグに入れています。

登りはツラいですが、集中しないと危ないので没頭できます。そして、頂上に着いて絶景を目にしたとき、すべてが吹き飛びます。頂上で友人が淹れてくれたコーヒーは格別で、あんパンと合わせると、最高！　これがあるから、登山にハマったのかもしれません。

わたしはいつも、頂上付近になるとさすがに足が上がらなくなりますが、オグちゃんは「平地を歩いているのと、そんなに変わらないかな〜」と言っていました。やっぱりここでも「オグちゃんと一緒だと思ったらダメなんだった……」と思い出しました。

登山は複雑な動きもないし、自分の体力に合わせて山を選べるから、わたしにもできるアクティビティ。自然も大好きなので、緑に囲まれていると幸せです。こんな楽しい登山を教えてくれたオグちゃんに感謝しています。

エピローグ

インタビューなどで、将来の夢を聞かれることがあります。

昔から、この質問に答えるのは難しいな……と感じていました。

わたしは、直近の具体的な目標があると、それに向かって突き進むことができるのですが、未来のことを思い描いたり、長期的なプランを立ててその夢を叶えるために努力するタイプではないのかもしれません。


先輩からこんな言葉をもらったことがあります。

「今見えている景色はほんの一部で、自分が次の一歩を踏み出して前に進むことで、また新しいものが見える。そうやってどんどん枝分かれして、自分が想像もしていなかった景色が見えてくるんだよ」


フリーになってからは特に、先のことが不安になったりもします。でも、今いくら考えても、まったく想像がつきませんし、一年後ですらどうなっているかわかりません。

だからこそ、まだ見ぬ将来を期待しながら、いまできることに精一杯取り組んでいこうと思っています。

実際に、昔のわたしは、今のわたしをまったく想像できていませんでしたから。
大好きなあんこの本までつくれるなんて……！

あんこ
スペシャルトーク
1

井村屋開発部×川田裕美

この本の中にもたびたび登場するあんこのメーカー『井村屋』。開発部の横山秀樹さんと荻原佳典さんをお招きして、川田裕美とのあんこ談義が実現しました。

川田　今回はこよなく愛する井村屋のみなさんとお会いできて光栄です。小さいときから家に缶入りの「ゆであずき」が常備されていて、ひとり暮らしの今も、切らさず買っています。

横山　わたしは入社してから「ゆであずき」の開発にずっと携わっているので、いつも応援していただけて嬉しいです！

川田　小さいころから同じ美味しさのように感じていますが、当然微調整はあるんですよね？

横山　「ゆであずき」は少しだけ。長い歴史の中で、時代やお客さまの嗜好の変化に合わせて砂糖の質を変えたり、炊き方を工夫したりしているくらいです。長く愛用してくださってる方も多いので。

川田　わたしは、卵焼きに入れたり、ゆであずきを料理に使うこともあるんですが、結構驚かれてしまうんですよね。やっぱり少数派なんでしょうか。

荻原　かぼちゃと一緒に煮る「いとこ煮」は聞きますが、卵焼きに入れるとは（笑）。

川田　いま、「あんバター」が流行っているみたいに、あんこって乳製品に合いますから、チーズにも合うんですよね。グラタンに薄〜く敷いたりもしていますよ。

荻原　あんこと小豆が大好きで仕事してますけど、そういう視点がなかった！　これからは弊社からも新しい活用方法をもっと意識して啓蒙していかないといけませんね。

「いつもあんこの新しい価値を考えています」
――横山さん

川田　いまは、あんこを食べる人が減ってきていると感じたりしますか？

横山　時代はどんどん変わっていますから、あんこも〝新しい価値〟を作っていかなければならないですよね。例えば、川田さんみたいに、料理に使うとか。

川田　いきなり「料理に使って！」と語り出すのではなく、「生クリームと合うでしょ？　ちょっとショートケーキに添えてみて」「バニラアイスにかけてみて」、次は「乳製品に合うんだから、クラッカーにチーズをのせるときにあんこも乗せようよ」って、入り口のハードルを下げるようにします。そのままアツく語ると変人扱いされてしまうので（笑）。

荻原　わたしたちも、いつも「Ｎｅｘｔ　Ｎｅｗ（次の新は何か）」を考える土台があって、ただ違うフレーバーのあんこを考えるというのではなく、新しい価値を考えています。

川田　食の好みも、あんこを取り巻く環境も変わりますもんね。

荻原　そうなんです。例えば、わたしはコンビニの大福とかあんパンに使うあんこも担当しているんですが、ここでも時代の流れがあって、チルド売り場が充実したことで、あんこの砂糖を減らせるようになったんです。そこから、若い方が美味しいと感じる甘さの和菓子をつくれたり、生クリームと合わせることができたので、〝生どら〟のような商品も誕生しました。

「小豆から健康を、がキャッチフレーズです」
――荻原さん

川田 いま、取り組んでいらっしゃるのはどういった〝新しい価値〟ですか?
荻原 小豆の健康性の高さを啓蒙することですね。小豆って、実は大豆などと違って脂質が非常に少なくて、皮は食物繊維が多いんです。そして、赤い色は、ワインなどと同じで、抗酸化物質のポリフェノールやカリウムも含まれています。
川田 いいですね。
荻原 そういった健康成分の多くは〝渋〟の中に含まれていたので捨てられてしまっていたのですが、いかにこの健康成分を閉じ込めるかという研究を進めています。それをコンセプトにした商品が「煮小豆」シリーズで、今ヒットしてるんですよ。
川田 いいことだらけで、もっと食べたくなりますね!
荻原 ありがとうございます。あらたに商品へ健康成分を添加するのではなく、小豆そのものが持っているものをギュッと閉じ込めることで自然なかたちで栄養を摂ることができます。
川田 わたしも、登山のときは煮小豆のようかんか「スポーツようかん」を持っていっていますね。
荻原 ええっ!「スポーツようかん」もご存じなんですか。嬉しいなぁ。
川田 どのスポーツショップにも売っていますしね。
荻原 『和菓子のパワーでスポーツを応援したい』と考えておりまして、いろいろなジャンルのスポーツ選手にも食べてもらったりしています。
川田 「スポーツようかん」はどういうアイディアから生まれたんですか?
荻原 最初は保存性が高くて、非常用保存食に向いている「えいようかん」をつくったんです。最初はなかなか売れませんでしたが、徐々に軌道に乗って。同じように食べやすいシリーズで、手軽にエネルギーになるスポーツ用もいいんじゃないかということになったんです。

川田　なるほど。

荻原　ですから、すぐにエネルギーに変わる砂糖と、少し時間をかけてエネルギーに変わる砂糖を配合しています。機能性と、片手で食べられる利便性を兼ね備えています。

川田　登山のときは、疲れたときにこれを食べると、一時間くらいは元気に歩けますね。小さくて軽いから、ほかのメンバーの分まで持っていきます。あと、自分へのごほうびとしても不可欠です（笑）。

横山　ようかんって、そのままでは和菓子のようかんでしかないのが、保存食になり、スポーツでの補助食になり、健康のためにお客さまのお役に立つ。小豆やあんこにはまだまだいろいろな可能性はあると思うんですよね。

川田　わたしも一緒に考えたいなぁ。個人的には、デパ地下に井村屋の贈答品を扱う場所があったりしたらいいなぁ、と思います。スーパーで品質がよくて安いものを買えるのもありがたいけれど、贈答品のラインもあるんだよってみんなに知らせたいんですよね。

荻原　いいですね！　手軽で新しいあんこの魅力を伝えられる手土産のようなものは考えているところです。新しいあんこの魅力を知ってほしいので、ＳＮＳで食べ方やレシピを展開したりするのが必要。川田さんのような方のご協力は不可欠。

川田　わたしでお役に立てることがあればぜひ！　仕事で会う、いろいろな業界の方が「実はわたしもあんこが好きなの」って声をかけてくれますよ。あんこの〝新しい価値〟、まだまだ広がると思います。

あんこ
スペシャルトーク
2

浪花家総本店四代目 神戸将守さん×川田裕美

東京に来て、あんこの充実ぶりに驚いたという川田さん。なかでもお気に入りの一店麻布十番『浪花家総本店』の神戸将守さんに、一〇〇年以上続くあんこのおいしさについて、その秘密をうかがいました。

川田　神戸さんは、何代目ですか？

神戸　僕で四代目。店としては一〇〇年ちょっとだね。

川田　たい焼き発祥の地ですよね。

神戸　そうそう。昔は今川焼きしかなくて、それを初代が縁起物の「鯛」の形にしたんですよ。

川田　長い歴史で、たい焼きのあんこはどこが変わって、どこを変えずにきたんでしょう。

神戸　小豆が品種改良でどんどん変わるの。粒が大きくて、皮がやわらかくて、アクが少ないのばっかりになってきた。いわば、飼い慣らされていくんです。小豆の味が薄くなってるなぁと思う。でも、たい焼きには上品なあんこは似合わない。だから、十勝の中でも、自分の理想のあんこに近づけられる小豆を探さないと。

川田　神戸さんの理想のあんこって？

神戸　小さいころ食べたあんこの味だよね。それに近いあんこをつくれる小豆を年間押さえてる。

川田　季節によっても変わりますよね？

神戸　そうですよ。新小豆が出てからずーっと味は毎日変わってく。うちは一日だいたい百五十キロ炊くから。

浪花家
総本店さま
2018

川田　ええっ！　朝から炊くんですか？
神戸　朝から夜まで、だいたい八時間ちょっと炊いて、翌日使う。
川田　八時間のうちで、目を離せない時間ってどれくらいあるんですか？
神戸　手をかけるのは三時間くらい。アクをとるところと炊き上げるところですね。
川田　自分でも炊いてみたことがあるんですけど、アクをとるのが大変で。
神戸　いまの小豆はそんなにアクが出ないから、そんなにとらなくても大丈夫だよ。むしろとらないほうが美味しいくらい。つくりたては美味しいけど、翌日は間が抜けちゃう。
川田　風味って大事ですものね。じゃあ、お店で煮るときは、あんまりとらない？
神戸　うちは、あえてアクが多い品種を使ってるからとる。その加減が大事なんですよ。

「一旦冷めたたい焼きをあっためなおしたのが一番美味しい」――神戸さん

川田　こちらのあんこって、粒はしっかりあるけど、とろっとしてるのが不思議です。

神戸　皮はあるんだけど、口に残らないでしょ。

川田　どうするとそういうあんこができるんですか？

神戸　普通のあんこは、皮がやわらかくなるまで煮て、最後に砂糖を混ぜてでき上がり。でも、昔のたい焼きで使う小豆ってそんなにいいもんじゃなかったから、砂糖を入れてから三時間くらいトロトロ煮たんですよ。うちは、そのやり方をいまも続いています。変わったというと、火がコークスからガスに変わったくらいですね。

川田　コークス!?

神戸　石炭を蒸し焼きにしたもので、すごく強いんですよ。火の当たり方がすごくかたいから、うかうかするとすぐ焦げちゃう。

川田　神戸さんがたい焼きって美味しいと思うのはどんなときですか？

神戸　たい焼きってね、二種類の美味しさがあるの。できたてと、いったん冷めてあっためなおしたもの。僕はどっちかっていうと、冷めてからのほうが豆の味がして好きだな。

川田　わたしも、ちょっと冷めて、砂糖と豆の風味が際立ったころが一番好きですね。貴重なお話をうかがえたので、ますます美味しくたい焼きを食べられそうです。ありがとうございました。

たいや

総本店
浪花家
たいやき
麻布
元祖

わたしのとっておきスイーツ

嬉しいとき悲しいとき。笑った日泣いた日。
日日、傍らにあった大福、おはぎ、あんパン……。
本書に登場した「とっておきスイーツ」を紹介。

1

おはぎ
（おはぎの丹波屋）
P12

3

こっぱ餅
（宝餅本舗）
P14

くるみ餅
（和菓子司 ぽんぽんや）
P13

2

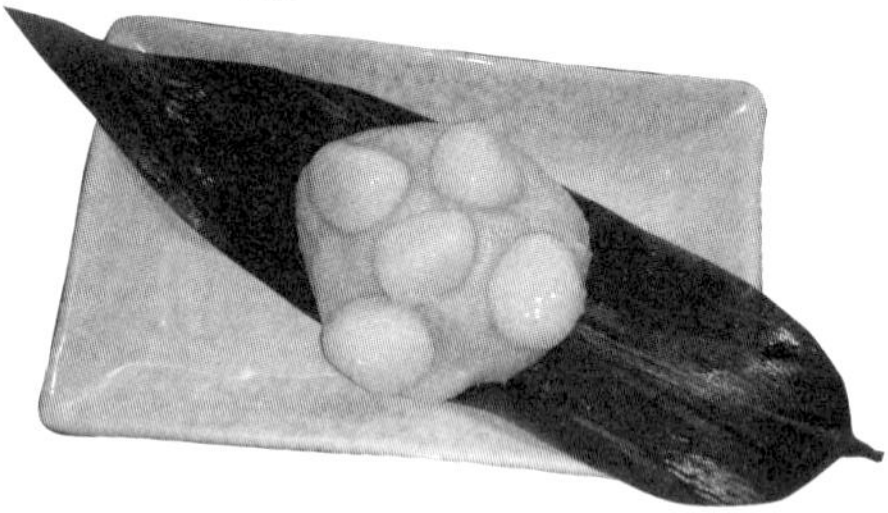

3

宝餅本舗

天草地方伝統の味を守る。さつまいもを煮干して乾燥させてできる「こっぱ」は食物繊維たっぷりの健康食としても注目されている。
熊本県天草市牛深町
3460-95
0969-73-2769

2

和菓子司 ぽんぽんや

甘さ控えめの白あんでくるんだ白餅とよもぎ餅がインパクト大のくるみ餅は、泉州エリアの名物和菓子。
大阪府泉大津市本町 6-1
0725-32-0886
izumiotsu.com/ponponya

1

おはぎの丹波屋

北海道小豆 100％の粒あん、こしあんと国産のもち米からつくるおはぎをはじめ、昔ながらの手づくりでこしらえる団子、大福、赤飯など関西人なら誰もが知る味わい。
www.ohaginotanbaya.co.jp

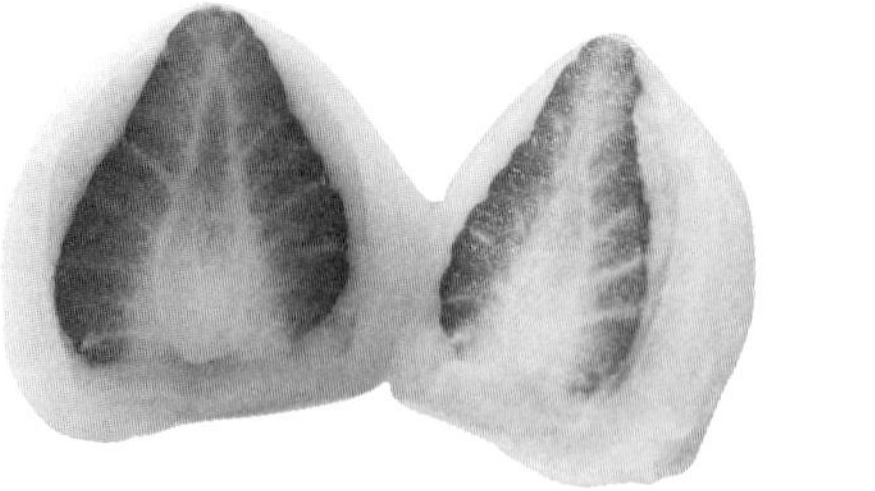

5

あんこのデニッシュ
（ショパン東助松店）
P22

4

おしゃれ
（青木松風庵）
P19

6

くるみ餅
（かん袋）
P25

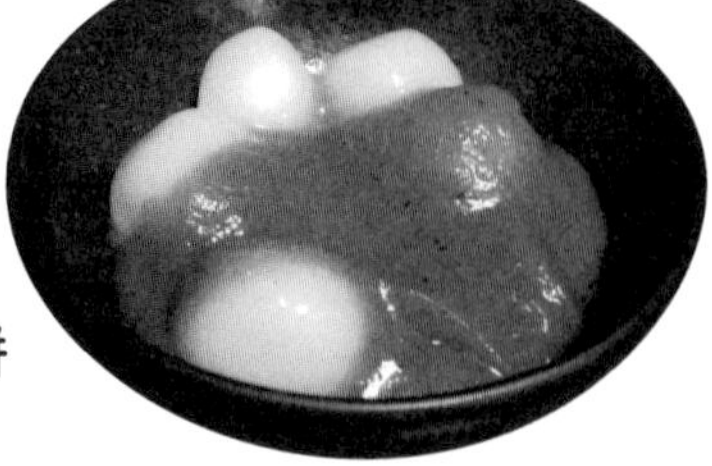

6

かん袋

元徳元年創業の堺の和菓子の老舗。商号は豊臣秀吉命名によるもの。看板のくるみ餅は室町時代にできたもので、壷に入った形状は印象的。夏は氷くるみ餅も人気。
大阪府堺市堺区新在家町東1-2-1
0722-33-1218

5

ショパン東助松店

焼き上がりの時刻には待ち構えているファンもいるほど、地元で人気のパン屋さん。特に、あんこがたっぷり詰まったあんパンの人気が高い。
大阪府泉大津市東助松町2-1-2
0725-33-4139

4

青木松風庵

創業以来100％自家製あんにこだわり続ける。北海道十勝産小豆「エリモショウズ」、岡山備中産「白小豆」、北海道産「白金時」等、菓子に合わせた、あんは多種多様。中身のフルーツは季節により異なる。

www.shofuan.co.jp

7

モンブラン

（ポアール）

P27

8

豆餅

（出町ふたば）

P36

8

出町ふたば

名代豆餅は北海道富良野産の赤えんどう、十勝産の小豆、滋賀県のもち米を使用。きめ細かくやわらかな小ぶりの餅とほんのり塩味のきいた品のいいこしあんがあとを引く旨さ。
京都府京都市上京区出町通今出川上ル青龍町 236
075-231-1658

7

ポアール

1969 年、帝塚山で創業した関西洋菓子の老舗。バタークリーム主流の時代から生クリームをメインに使った生ケーキにこだわったモンブラン、チーズケーキなど現在も看板商品のケーキは創業時のレシピからほとんど変えていない。
www.poire.co.jp

10 あん食
（トミーズ）
P84

9 パン
（ベーカリーテラス ドーシェル）
P36

11

絹ごし緑茶てぃらみす
（一乗寺中谷）
P85

11

一乗寺中谷

和菓子の老舗の若旦那自慢の白あんと若女将得意の豆乳スイーツのコラボで生まれた人気商品。枯山水の庭をイメージした、てぃらみすに柳桜園茶舗の抹茶をたっぷりと。
京都府京都市左京区一乗寺花ノ木町５番地
075-781-5504

10

トミーズ

北海道産の小豆を使った独自の粒あんを生クリーム入りのふんわりクリーミーな味わいのパン生地に混ぜ合わせた新感覚の食パン。日本人好みの味で長年の定番商品となっている。

www.tommys-kobe.com

9

ベーカリーテラス ドーシェル

山の尾根に立つ２階建てのパン屋さん。ハード系のパンが話題を呼び、関西のパン好きで知らない人はいないと言われる人気店。和歌山の絶景が望める併設のカフェも人気。
和歌山県海草郡紀美野町釜滝 417-3
073-489-5324

12

特別栽培小豆つぶあん6号（山清）

P116

たいやき（ひいらぎ）

14

P149

13

どら焼き（亀十）

P149

14

ひいらぎ

ぱりっぱりの薄皮と、ぎっしり詰まった豆の香り豊かなあんこのほのかな甘味がベストマッチ。クリームチーズ入り、冷やしたい焼きなどのバリエーションも専門店ならでは。
東京都渋谷区恵比寿1-4-1
恵比寿アーバンハウス1F
03-3473-7050

13

亀十

創業９０年を越える和菓子の名店。大人気のどら焼きは、黒（おぐら）あんと白あんの２種類。あんの美味しさもさることながら、ふわふわのパンケーキのような食感の生地も味わい深い。
東京都台東区雷門2-18-11
03-3841-2210

12

山清

北海道十勝地方の特別栽培小豆のみ使用。国産砂糖で仕上げ、小豆の風味を楽しんでもらうため食塩は不使用。皮と実との差がないほどやわらかく炊き上げた粒あんは甘さ控えめ。
香川県綾歌郡綾川町山田下3465-3
0120-512238

15

どら焼き
（清寿軒）

P149

16

あんやき
（船橋屋こよみ）

P151

17

あんこブラウニー
（ぎんざ空也 空いろ）

P151

17

ぎんざ空也 空いろ

銀座の名店『空也』から誕生した新ブランド。「あんこは豆のジャム」をコンセプトに、あんこを斬新な切り口で世界に広めることを目指す。あんこブラウニーは小豆の〇あんとチョコレートを生地に練り込んだこだわりの味。

soriro-kuya.jp

16

船橋屋こよみ

文化二年創業、くず餅やあんみつで知られる『船橋屋』が創業200年を機にスタートさせた新業態。あんやきは、あんに米粉などを配合し、しっとりと焼き上げた焼き菓子。

www.funabashiya.co.jp/koyomi

15

清寿軒

文久元年創業。日本橋に店を構える和菓子店。手作業のあんこづくり、手焼きの皮をはじめ、手間を惜しまない仕事が美味しさの秘訣。
東京都中央区日本橋堀留町
1-4-16
ピーコス日本橋ビル1F
03-3661-0940

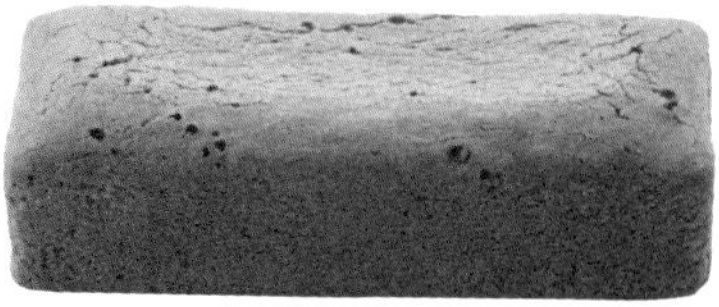

18 あずきとカカオのフォンダン
（トラヤカフェ）
P151

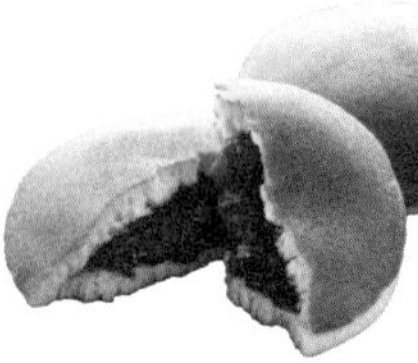

19 挽きたて抹茶のテリーヌ
（シェ・アガタ）
P147

20 どら焼き
（うさぎや）
P149

20

うさぎや

十勝産の小豆を使ったやわらかくみずみずしい粒あんがたっぷり詰まったどら焼きは、東京三大どら焼きのひとつ。レンゲの蜂蜜が入った皮は、表面のサクサク感と弾力のある食感のコンビネーションが抜群。どら焼きは午後4時以降来店の場合は要予約。
東京都台東区上野1-10-10
03-3831-6195

19

シェ・アガタ

京都宇治に店舗を構える。2000年10月創業以来、こだわりの宇治抹茶をベースとした「ここでしか味わえない」「何度食べても飽きない」スイーツをつくり続けている。
京都府宇治市莵道谷下り44-11
0774-20-6025

18

トラヤカフェ

京都で創業。5世紀にわたり和菓子屋を営んできた『とらや』がつくったカフェ。とらやのあんを使った、自由な発想の菓子の世界を提案。あずきとカカオのフォンダンは、シナモンとポートワインの香る、あんとチョコレートの濃厚な焼菓子。

www.toraya-group.co.jp/toraya-cafe

21

豆大福
（松島屋）
P147

22

小倉ホットケーキ
（とらや椿山）
P149

23

十勝おはぎ
（サザエ食品）
P150

23

サザエ食品

「十勝おはぎ」は、北海道十勝産の厳選小豆を使った、甘すぎない粒あんのおはぎ。天然の素材と手間を惜しまない工程から生まれるつやのあるあんこと、やわらかで粘りのある餅がたまらない。石原軍団の差し入れとしても有名。

www.sazae-shokuhin.com

22

とらや椿山

大正 14 年創業の阿佐ヶ谷の老舗が喫茶室で提供する人気商品。店舗では、名物の大栗まんじゅうをはじめ、ようかんやきんつば、どら焼きなども販売。
東京都杉並区阿佐谷南
1-33-5
03-3314-1331

21

松島屋

1918 年創業。「群林堂」「瑞穂」と並ぶ東京三大豆大福のひとつ。小ぶりで甘さ控えめのあんこ、水分少なめの豆、薄手の皮のバランスが絶妙。ぎっしり詰まったあんこを包む餅の塩分が全体を引き締める。
東京都港区高輪 1-5-25
03-3441-0539

24 だんご
（追分だんご本舗）
P149

25 ブルース
（三矢本舗）
P152

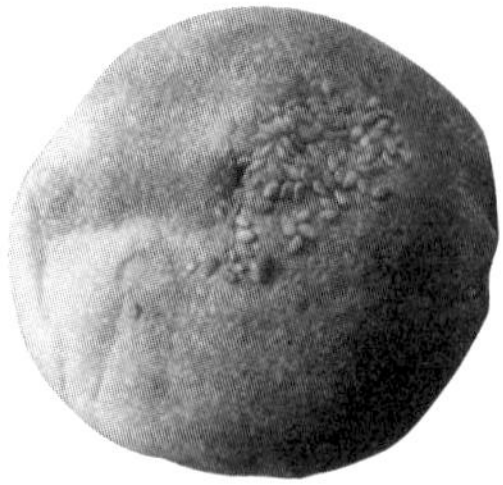

26 あんパン
（森のぱん屋さん）
P36

26

森のぱん屋さん

国産小麦、天然酵母、赤穂の天塩と生石高原に湧き出す天然水だけで焼いたパンが人気。店舗はセルフビルドのログハウスで、テラスでは大自然パノラマを見ながら食事ができる。営業は土日のみ。
和歌山県海草郡紀美野町
坂本723-1
073-489-4422

25

三矢本舗

8種類のサーターアンダギーを常備する『三矢本舗』。ブルースは、数量限定販売のため、なかなか手に入れることのできない"幻の味"。やさしい味わいにハマる人続出。
沖縄県国頭郡恩納村字恩納
2572-2
098-966-8631

24

追分だんご本舗

だんご3種（こしあん、粒あん、みたらし）が人気。康正元年に太田道灌が江戸城を築城中、中秋の名月の宴に献上された手つきの団子を大いに気に入ったという逸話で知られる。

www.oiwakodango.co.jp

28 わらび餅
（甘党まえだ）
P35

27 あんバターサンド
（Let It Be Coffee）

P150

29 抹茶わらび餅
（文の助茶屋）
P35

29

文の助茶屋

明治末期、人情噺の落語家、曽呂利新左衛門の門弟、二代目桂文之助が境内に扇塚を建てた縁で甘酒茶屋を始め、東山界隈を散策する旅人で賑ったという老舗。香りを楽しむわらび餅で知られる。

www.bunnosuke.jp/eccube

28

甘党まえだ

50年以上変わらぬ味と手ごろな価格で大阪で愛されてきた甘味どころ。こだわりのたれで知られるみたらし団子をはじめ、あんみつ、わらび餅といった庶民的な和菓子はちょっとした手土産としても喜ばれている。

amato-maeda.com

27

Let It Be Coffee

毎日違う場所でコーヒーを提供してきた「Let It Be Coffee」が、オープンしたコーヒーショップ。ウッドとホワイトをベースにした店舗で人気のあんバターサンドをゆったりと楽しみたい。
東京都世田谷区玉川
3-23-25
ビーンズ二子玉川102

30

デンマーク
クリームチーズケーキ
（モロゾフ）
P35

31

花御堂
（福壽堂秀信）
P35

31

福壽堂秀信

昭和23年創業の老舗。しっとりとした玉子煎餅にこしあんをはさんでおり、長年にわたり多くの人に愛されてきた大阪の代表銘菓。玉子煎餅には、御堂筋を彩る銀杏の図案を型押しし、大阪土産としても人気。

www.fukujudo-hidenobu.co.jp

30

モロゾフ

神戸二大洋菓子ブランド、モロゾフを代表するロングセラーケーキ。1970年代のチーズケーキブームで一気に広まり、40年以上にわたり、愛される味となった。

www.morozoff.co.jp

編　集／望月展子
デザイン／鳥沢智沙
撮　影／萬田康文
構　成／北條芽以
イラスト／川村エミコ（たんぽぽ）

アーティストマネージメント
エグゼクティブプロデューサー／久保地美晴（株式会社セント・フォース）
チーフマネージメント／菅大善（株式会社セント・フォース）
マネージメント／杉本悠太（株式会社セント・フォース）

ヘアメイク／井生香菜子
スタイリスト／イケガミジュンコ
衣装協力／ダイアナ（ダイアナ銀座本店）

撮影協力／浪花家総本店
取材協力／井村屋株式会社／井村屋グループ株式会社
「わたしのとっておきスイーツ」掲載店のみなさま

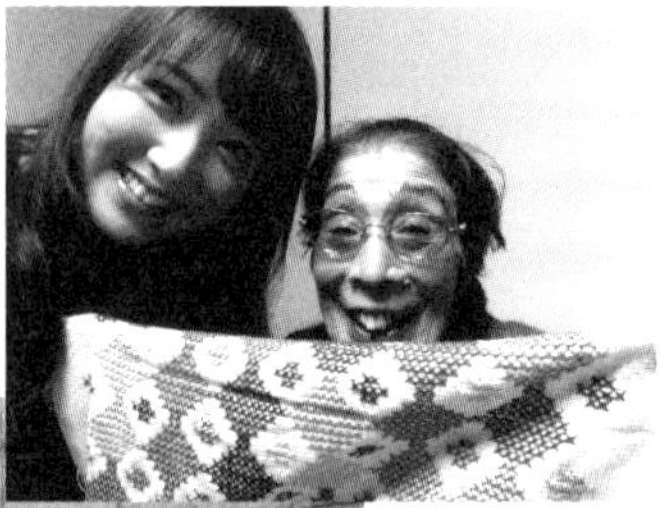